緣起 연기와
우주인드라망

글 · 이 시 우

종
종이거울

우리가 공기로 숨을 쉬고 물을 마시고 영양분을 취하는 것
은 모두 외부로부터 얻는 것이다. 그리고 우리는 숨을 내쉬면
서 공기를 내뿜고 소변과 대변을 보게 된다. 이 모두는 우리가
밖으로부터 신선한 것을 얻은 후 이에 상응하는 것을 밖으로
내보내는 것이다. 이것이 바로 우리와 자연 사이의 주고받음
의 기본적 행위이다. 인간들 사이에서도 서로 주고받는 행위
가 일상의 생활 형태이다. 이와 같은 주고받음이 바로 연기관
계이다. 일반적으로 상호 관계란 독립된 두 개체 사이에서 일
어나는 관계이다. 그러나 연기관계란 서로가 연기적으로 구
속된 상태에서 일어나는 상호 의존적 관계이다. 인간을 포함
한 우주 만유는 모두 연기적 그물망에 얽매여 있기 때문에 본
질적으로 연기적으로 구속되어있다. 그래서 모든 관계란 연
기적 관계이다. 예를 들면 인간이 지상의 만물과 함께 태양빛
에 의존하며 그리고 태양은 국부항성계를 비롯하여 외부 은
하들에 중력적으로 얽매여 있는 상태이다.

빈손으로 태어나는 인간은 죽을 때까지 타자와 끊임없는 연기적 관계를 이어간다. 이런 연기관계가 어떻게 이루어지는가에 따라서 삶의 과정과 질이 결정된다. 우리가 태어나 교육을 받고 타자와의 긴밀한 관계를 이어가는 데서 배우는 것은 가능하면 상호간에 조화로운 연기관계를 이루어가도록 하는 것이다. 연기법을 근본으로 하는 불법에서는 특히 삼륜청정(주는 자와 받는 자의 마음이 청정하고 주고받는 매체도 청정한 것)과 삼륜체공(주는 자도 변화하는 연기공이고 받는 자도 변화하는 연기공이며 주고받는 매체도 변화하는 연기공인 것)한 연기관계가 강조되고 있다. 이 경우에 '나' 라고 하는 정체성을 유지하는 경우는 자기중심적 사상에 이끌려 타자와 올바른 연기관계를 이루어갈 수 없게 된다. 그래서 연기관계에서는 먼저 나를 버릴 줄 알아야 한다. 소위 무아(無我)와 무상(無常)의 상태에서 무위적 연기적 관계를 이루어가야 한다. 이것은 연기관계에서 만유가 변화한다는 연기공(緣起空)의 중요성을 의미한다.

그리고 동시적이며 연속적으로 일어나는 우주 만유의 연기관계에서는 평등성과 보편성, 무위적 이완성을 그 특징으로 하며 또한 만유가 생의를 지닌 생명체로서 동일한 존재가치를 지니는 생명평등사상이 강조되고 있다. 연기적 세계에서는 일자보다 다수성이 원활한 연기를 이끌어가며 모두가 연기적 그물망에 얽매여 서로가 서로에 의지해 있다. 그래서 연기적 세계에서는 주체의 탈대상화와 진리의 탈대상화라는 연기의 속성이 강조되고 있다.

우리는 타자와의 구체적 관계와 교육을 통해서 연기관계를 쉽게 잘 이해하는 것 같지만 실은 그렇지 못한 점이 많다. 이런 관점에서 본서에서는 연기의 특성을 여러 관점에서 살펴봄으로써 과연 연기관계의 중요성이 무엇인가를 알아보고자 한다. 여기서 연기관계는 인간과 인간 사이뿐만 아니라 자연과 자연 사이 그리고 전 우주적 연기관계를 살펴본다.

그리고 특히 『화엄경』에서 제시되는 화장장엄세계와 〈여래수량품〉에서 보이는 여러 세계들과 『니까야』에서 보이는 진동 우주를 통해서 우주적 화엄세계의 연기적 특성을 천문학과 우주론적 관점에서 자세히 살펴보고자 한다.

이 책이 나오기까지 많은 도움을 주신 이주현님께 감사드립니다.

2014년 10월

이 시 우

차 례

0 1 ✧ 붓다와 연기

　『잡아함경』에서 석가모니 부처님이 "과거는 과거대로 내버려두고, 미래는 미래대로 내버려두자. 내가 너에게 현실을 통해 법을 설하겠다. 이것이 있으므로 저것이 있게 되고, 이것이 일어나므로 저것이 일어난다. [유전문] 이것이 없으므로 저것이 없게 되고, 이것이 소멸하므로 저것이 소멸된다. [환멸문]"라고 했으며 그리고 "연기법은 내가 만든 것이 아니다. 그렇다고 다른 어떤 절대자가 있어서 만든 것도 아니다. 연기법은 붓다인 내가 이 세상에 출현하거나 출현하지 않거나 법계에 항상 있는 것이다. 나는 다만 이 법을 스스로 깨달았고 보편타당한 깨달음을 이루어서 모든 중생들을 위하여 분별해 연설하고 드러내 보이는 것뿐이다."라고 했다. 이처럼 연기법은 무시이래로 존재하는 자연 만물의 존재에 대한 근본 이법이다.

『잡아함경』에서 "법은 자연의 있는 그대로의 모습을 떠나서 따로 있는 것이 아니며, 법은 자연의 있는 그대로의 모습과 다르지 않아서 분명하고 진실하여 전도되지 않아 연기를 그대로 따른다."라고 했다. 이것은 자연 그 자체는 연기의 세계로써 제법실상이 연기법을 무위적으로 따르고 있음을 의미한다. 또한 『중아함경』에서 "만일 연기를 보면 곧 법을 볼 것이요, 법을 보면 곧 연기를 볼 것이다."라는 것은 불법은 연기를 근본으로 하는 진리체계라는 것이다.

따라서 연기법을 따르지 않는 것은 불법이 아니다. 인간을 포함한 자연 만물은 모두 연기적 이법을 따르고 있다. 이러한 우주 만유의 존재 이법인 중요한 연기법을 2500여 년 전에 석가모니 부처님이 찾아내어 정립했다는 것은 놀라운 부처님의 혜안이라고 할 수 있다.

0 2 ❖ 연기의 의미

연기는 인연생기(因緣生起)의 약자로 원인(因)에 따라(緣) 생성하고(生), [그에 따라] 반응이 일어난다(起)는 것으로 무시이래로 존재하는 자연 만물의 존재이법이다. 이러한 연기는 상호의존적 관계로 서로 얽매인 개체들 사이에서 일어나는 매체(조건)를 통한 작용과 반작용의 관계에 해당한다. 우주 만유는 이러한 연기적 관계를 이루고 있다. 따라서 연기적 관계는 서로 독립된 두 개체 사이의 상대적 관계가 아님을 명심해야 한다. 이런 관점에서 상대성 이론이란 연기성 이론에 해당한다.

석가모니 부처님은 "무엇이든 연에서 생한 것이면 그것은 무생이고, 거기에는 유생의 자성이 있는 것이 아니다. 만일 법이 연에 의지한다면 그 모든 것은 공을 말함이며, 만일 공성을 안다면 그것은 깨어있음이다."[1] 라고 했다. 연기에 의해 생기는 것은 항상 변화를 동반함으로 무자성으로써 연기적으로 공(空)이다. 이런 연기적 공성의 이해가 곧 깨달음이다.

연기관계를 쉽게 말하면 어떤 매체를 통해서 일어나는 서로 '주고받음'의 관계이다. 여기서 매체는 원인과 결과를 낳은 조건에 해당한다. 이러 관점에서 무위적 연기는 삼륜청정(三輪淸靜)을 근본으로 한다. 즉 주는 자의 마음이 청정하고 받는 자의 마음이 청정하며 그리고 주고받는 매체가 청정해야 한다.

열린계에서 구체적으로 주고받음이 어떻게 일어나는가를 화이트헤드의 과정철학[2]을 바탕으로 살펴보자.

자연에는 만물이 태어나서 살다가 죽어 없어지는 것을 조정하는 섭리가 있으며 이를 주재하는 신을 자연신이라고 한다. 이런 신의 섭리에 따라서 자연은 연속적으로 진화해 간다. 이 과정에서 현실적 존재로서 주체와 객체 사이에는 주고받음의 과정이 일어난다. 이때 주체는 외부의 객체를 만나(조우) 어떤 매체에 의해 어떠한 느낌(섭동)을 받는데 이 과정이 초기

1 『깨달음에 이르는 길』: 총카파, 지영사, 2005, 936쪽
2 『과정과 실재』: 화이트헤드, 오영환 옮김, 민음사, 1999

반응으로 최초 위상이라고 한다. 이런 반응이 주체의 의식으로 전달되면 이 반응을 수용하고 적응 대응하는 과정이 일어나는데 이를 호응적 위상이라 한다. 이 과정을 통해 주체는 자기 조절, 자기 통제를 거치는데 이를 보완적 위상이라고 한다. 이런 과정은 주체의 주관적 판단과 결정을 요구하며 반응을 받기 전과는 다른 새로운 상태로 자기 초월을 유도한다. 이런 일탈성의 과정을 거치면서 창조성, 이완성, 평등성, 보편성 등이 달성된다. 이 마지막 과정을 최종 위상이라고 한다.

이러한 수수과정을 거치면서 나타나는 자기초월은 한 번의 과정으로 끝나는 것이 아니라 연속적인 수수과정을 거치면서 항상 새로운 자기 초월(탈자아)로 나아가게 된다. 여기서는 절대성이나 완전성 또는 단절된 한 극단의 상태는 있을 수 없다.

일반적으로 집단 내에서 일어나는 구성원들 사이의 주고받음은 시간과 공간(환경)에 따라서 다양하게 변화한다. 따라서 연기관계는 고정된 관계가 아니라 연속적으로 변화하는 관계이다. 이런 점에서 연기법은 변화의 이법이다. 이것은 미국 핵물리학자 존 휠러가 말한 "법칙이 존재하지 않는다는 법칙을 제외하면 법칙은 존재하지 않는다."라는 것은 법공(法空)으로 연기법을 뜻한다. 우주 만물은 이러한 무위적 연기법에 따라

13

서 생성하고 소멸하는 생주이멸과 성주괴공을 이어가며 진화한다. 따라서 우리의 감각세계는 실재하는 세계가 아니라는 것이다. 이러한 연기적 변화의 사상이 서양에서는 고대 그리스 시대부터 있어왔다.

인간이 다루는 학문이라는 범주는 모두 주고받음과 생성과 소멸을 다룬다. 그렇다면 모든 학문은 연기법으로 통섭(統攝)된다고 할 수 있다. 연기적 세계에서는 변하지 않는 것이 없으므로 과학적 이론 역시 현상을 물리적 언어로 설명(기술)할 뿐이지 절대적 진리를 말하는 것은 아니다.

아인슈타인은 "모든 것은 우리가 통제할 수 없는 힘에 의해서 처음부터 끝까지 결정된다. 곤충은 물론이고 별의 경우에도 마찬가지이다. 인간, 식물, 또는 우주의 먼지를 비롯한 우리 모두가 아주 먼 곳에 있는 보이지 않는 연주자가 연주하는 신비로운 음악에 따라 춤을 추고 있다."[3]라고 했다. 이것은 우주 만유가 연기적 관계에 서로 얽혀 있음을 뜻한다. 결국 우주에서 연기적 관계에 얽매이지 않은 개체란 존재하지 않음을 알 수 있다.

---

3 『아인슈타인 : 삶과 우주』: 월터 아이작슨, 이덕환 옮김. 까치, 2007, 464쪽

후설은 "우리는 순전한 주관적 표상들(또는 심리학의 차원에 존재하는 것)이나 이념적 현실성(의식에 의해 주어진 것을 부당하게 '현실화'하거나 실체화 하는 것)을 이해하려 해서는 안 되고, 바로 '현상들'만을 이해하고자 해야 한다."라고 했다.[4] 후설의 현상학은 대상에 대한 직관과 성찰이다. 즉 단순한 사실의 인식이 아니라 그 본질을 탐구하는 것이다. 이것은 기존의 현상학과 달리 연기적 관점에서 현상학을 다루어야만 현상의 본질을 바르게 이해할 수 있다는 것이다.

한편 하이데거는 현상학은 '존재는 무엇을 의미하는가' 라는 물음을 제시하는 존재론의 바탕이라고 했다.[5] '존재는 무엇을 의미하는가.'에 대한 답은 바로 서로 주고받는 연기적 관계이다. 이런 관계에서는 '은폐된' 존재의 구조와 양식이 점진적으로 드러나는 그런 것이 아니라, 무시이래로 분명하게 드러나고 있는 연기적 존재이다. 이런 관점에서 연기는 존재의 원리이다.

---

4 『현상학이란 무엇인가』 : 피에르 테브나즈, 김동규 옮김, 그린비, 2012, 35쪽
5 『현상학이란 무엇인가』 : 피에르 테브나즈, 김동규 옮김, 그린비, 2012, 35쪽

0 3 ❖ 연기와 자유의지

스피노자는 데카르트의 자유의지를 부정했다. 이것은 "인간의 정신 속에 자유의지는 존재하지 않으며, 우리가 '자신의 의지'라고 생각하는 것이 실제로는 우주에 존재하는 여러 가지 인과관계에 짜 맞추어진 것으로써 다른 원인에 의해 결정된 것에 불과하다는 것이다."[6] 라고 보기 때문이다. 아인슈타인도 "인간은 자신의 의지에 따라 움직일 수 있지만, 의지는 자신의 의지에 따라 만들어지지 않는다는 쇼펜하우어 말에서 진정한 감명을 받았다."[7] 라고 했다. 그리고 칸트는 "너의 의지

---

6 『지혜를 주는 서양의 철학과 사상』 : 가나모리 시게나리, 이재연 옮김, 다른 생각, 2008, 112쪽
7 『아인슈타인 : 삶과 우주』 : 월터 아이작슨, 이덕환 옮김. 까치, 2007, 464쪽

의 격률(규율)이 항상 동시에 보편적인 법칙으로써 타당할 수 있도록 행위하라."[8]고 했다.

한편 메를로-퐁티는 "나의 자유는 언제나 홀로 존재하는 것이면서, 언제나 공존재로 있는 것이다. 또한 지속적으로 분리될 수 있는 자유의 힘은 세계 속으로의 나의 보편적 참여에 의거한다. 나의 실질적인 자유는 나의 존재 편에 있는 것이 아니라, 내 앞에, 다시 말해 사물속에 존재한다. 그 뿌리가 없는 자유는 자유가 아니다."라고 했다.[9] 즉 자유란 연기적 구속에서 얻어지는 자유이지 결코 연기적 뿌리가 없는 자유는 진정한 자유가 아니며 자유의지도 아니다. 그리고 들뢰즈는 자유의지를 비인간주의적 존재론의 관점에서 생각해야 하는 것이 타당하다고 했다.

결국 인간의 고유한 자유의지란 존재할 수 없다. 왜냐하면 연기적 세계에서는 개인의 의지는 타자와의 연기적 관계에 의해 이루어지기 때문이다. 즉 자기는 타자가 존재함으로써 존재하고, 타자는 상대가 존재함으로써 존재하게 되는 것이

---

8 『지혜를 주는 서양의 철학과 사상』: 가나모리 시게나리, 이재연 옮김, 다른생각, 2008, 160쪽
9 『현상학이란 무엇인가』: 피에르 테브나즈, 김동규 옮김, 그린비, 2012, 94쪽

다. 결국 타자와 관계가 없는 존재란 있을 수 없다. 이런 관점에서 타자를 무시한 자유의지는 타자에게 피해를 끼칠 수 있는 원인이 됨으로써 연기적 상태에 불안정을 조성할 수 있게 된다.

특히 선불교에서 출가자는 수처작주 입처개진(隨處作主 立處皆眞)(가는 곳마다 주인공이 되며, 어디서나 모든 진리를 구현한다. 또는 가는 곳마다 主人이 되며 서있는 곳마다 진실하리라. 또는 어디서나 제 안의 주인공을 잃지 않으면 어디에 처하든 참되리라.)에 따라서 주인공으로서 자유의지를 매우 중요시한다.

서암 화상은 날마다 자신에게 "주인공!" 하고 부르고, 스스로 "예" 하고 대답했다.[10] 여기서 주인공은 주객의 상대를 초월하고, 시공의 제약을 벗어나 생사에 구속되지 않는 '참된 자기', '본래인', '본래면목(진면목)', '절대주체'의 '참된 자기'로 본다. 연기적 세계에서는 상대를 초월한 존재가 있을 수 없고, 또한 진면목은 타자가 보고 말하는 것이지 자신이 스스로 말할 수 있는 것이 아니다. '주인공'이나 '본래인'이 진리의 다른 표현이라고 하지만 진리는 연기적 관계에서 나타

---

10 『무문관 참구』: 장휘옥 · 김사업 제창, 민족사, 2012, 118쪽

나는 것이지 주관적인 것으로 정의되는 것이 아니다. 따라서 주인공은 어디 까지나 개인중심적인 것이지 결코 만인과의 효율적 연기적 관계를 기반으로 한 의지는 아니다. 20세기 들어서 자유의지의 중요성은 개인중심에서 다수의 복수성이 인정되면서 사라지는 추세를 보이기 시작했다.

연기의 양면성에 따르면 자유와 구속은 별개의 것이 아니라 서로 연기적 관계를 지니는 것이다. 즉 자유란 구속이 있기에 존재하고 구속은 자유가 있기에 존재한다. 따라서 자유는 구속에 의해 규정되고 그리고 구속은 자유에 의해 규정된다. 이런 관점에서 자유와 구속은 근본적으로 동일한 것이다. 결국 연기적 세계에서 자유의지란 구속의지에 의해 규정된다는 것이다. 즉 구속이 없는 자유는 애초부터 존재하지 않는다. 다만 그 내면적 구속을 무시할 뿐이며, 그 결과 타자에게 직접적이나 간접적으로 피해를 끼칠 수 있게 된다. 이런 관점에서 자유의지를 인간중심이 아니라 우주 만유의 존재론적(연기적) 관점에서 살펴보아야 한다.

0 4 ❖ 인연과 인과

인연(因緣)에서 인은 결과를 부르는 직접적인 원인 그리고 연은 간접적 원인 또는 조건이며, 또는 원인과 결과에 해당한다. 대승에서는 인연을 연기(相依相關)로 본다. 즉 모든 현상은 단독으로 존재하는 것이 아니라 반드시 여러 가지 원인이나 조건들에 의해 성립한다는 것이다. 인연법은 인연의 도리로서 대승에서는 연기법이라 한다.

어떤 것이라도 일으키는 것을 인(因)이라 하고, 그 일어난 것을 과(果)라고 한다. 결국 인과는 원인과 결과로서 원인이 있으면 반드시 결과가 있고, 결과가 있으면 반드시 원인이 있다는 것이다. 그래서 선악의 행위에는 반드시 과보가 따른다고 보는 도리이다.

인과응보란 모든 것을 인과의 법칙이 지배한다는 것으로 좋은 원인에는 좋은 결과가 생기고, 나쁜 원인에는 나쁜 결과가 반드시 생긴다는 것이다. 이 경우에는 마치 나쁜 짓을 하면 반드시 죄를 받기를 고대하고 있는 것처럼 보일 수 있다. 단순한 경우에는 나쁜 짓을 하면 반드시 죄를 받는 것을 보게 될 수도 있다. 그런데 복잡한 현대 사회에서 과연 인과법이나 인과응보가 제대로 적용될 수 있을까?

현대에는 원인과 결과가 다양한 연기적 관계로 서로 얽혀서 일어나기 때문에 인과법이 특정한 개인에 적용될 수는 있는 것이 아니라 연기집단의 구성원 전체에 연관된다. 『잡아함경』에서 "업을 지은 자와 그 과보를 받는 자가 같다면 상견에 떨어지게 되고, 업을 지은 자와 그 과보를 받는 자가 다르다면 단견에 떨어지고 마느니라."라고 했다. 상견과 단견을 여의는 것이 중도이다.

선인에는 선과가 악인에는 악과가 생긴다는 것도 실은 중도에 어긋나는 생각이다. 왜냐하면 선과 악은 동전의 양면처럼 비동시적 동거성으로서 연기적 관계를 이루는 선과 악 모두에 실은 진리가 내포되어 있기 때문이다. 그러므로 어느 한 극단에 치우치는 것은 바람직하지 못하다.

불교에서는 인과응보론을 진리처럼 신봉하는 경향이 있다. 그러나 인과응보론은 일종의 운명론으로 연기적 발전성을 부정한다. 인과는 연기관계에서 이루어지는 것으로 다수의 연기 관계에 연관되므로 어느 특정한 개체나 사건에 국한되는 것이 아니다. 왜냐하면 집단의 구성원 전체 사이에서는 연기적 관계가 항상 동시적이며 복합적이고 다양한 형태로 일어나므로 어느 특정한 사람에게 원인을 그리고 어느 특정한 사람에게 결과를 전가시킬 수 없기 때문이다. 인과응보론이 진리라면 세계 2차대전을 일으킨 독일과 일본은 그 업보로 망해야 한다. 그러나 현실은 오히려 그 반대이다. 이처럼 극히 제한적인 경우를 제외하고는 보편적인 다수의 복잡성에 따른 연기관계에서는 인과응보론이 적용되기 어렵다.

0 5 ✧ 12연기와 윤회

연기를 흔히 한 개체에 대해 12가지의 연기로써 생주이멸을 논한다. 이를 살펴보면 다음과 같다.

첫째는 무명은 미혹의 근원인 무지이다. 여기서 무지란 연기를 모르고 아집(나에 대한 집착)과 법집(사물에 대한 집착)에 빠지는 것이다.

둘째 행이란 무명(무지)으로 인하여 일어나는 의지적 행위이며,

셋째 식은 행(의지)으로 인하여 생기는 의식작용이다.

넷째 명색은 식(의식)으로 인하여 생기는 이름만 있고 형체가 없는 마음(정신)과 형체를 지닌 물질 즉 육신이다.

다섯째 육처는 명색 때문에 생기는 5가지 감각기관(안 · 이 · 비 · 설 · 신)과 의식이며,

여섯째 촉은 육처로 인하여 생기는 접촉에 의한 정보 수집이고,

일곱째 수는 촉으로 인하여 생기는 외부로부터 받아들이는 감각(고, 락 등)이다.

여덟째 애는 수로 인하여 생기는 애욕으로 고통을 피하고 즐거움에 집착함이며,

아홉째 취는 애(애욕)로 인하여 생기는 취착심 또는 집착이고,

열 번째 유는 취(집착)에 의한 업(행위)의 형성으로 존재(生)의 상태가 생기는 것이며,

열한 번째 생은 유(존재의 상태-업의 형성)로 인한 태어남의 발생이고,

열두 번째 노사는 생(태어남)에 의해 늙어서 죽는 것이다.

이상에서 무명, 애, 취는 미혹(사물과 이치를 잘 몰라 사리에 밝지 못함)에 해당하며, 행과 유는 업에 해당하고, 나머지 식, 명색, 육처, 촉, 수, 생, 노사는 고(고통)에 해당한다. 다음 생을 받는 것은 바로 행(무지에 따른 행위)과 유에 의한 것으로 본다.

삼세인과설에 따르면 12연기 중의 무명·행(과거의 인)에 의해 식·명색·육입·촉·수(현재의 과보)를 받고, 애·취·유(현재의 인)에 의해 생·노사(미래의 과)를 받는다고 본다. 이것은 과

거 · 현재 · 미래의 3세에 걸쳐 인과의 연쇄가 존재한다는 것으로 과거의 인에 의하여 현재의 과를 받고, 현재의 인에 의하여 미래의 과보를 받는 것을 말한다. 여기서는 과거의 무명의 인에 의해 현재의 과를 받고 그리고 미래의 생과 노사의 과를 받는다면 윤회에서 무명의 연속으로 해탈을 이루지 못하는 난점이 있다.

결국 12연기는 개체의 외부 정보에 대한 반응 및 그에 따른 정신적 변화에 연관되는 개인적 연기이다. 보통 연기라고 하면 12연기를 생각한다. 그러나 석가모니 부처님이 밝은 혜안으로 발견한 연기는 우주 만유를 상대로 한 것이지 단순히 인간의 12연기에 국한 된 것은 아니다.

12연기에서 식은 유(존재의 상태)의 조건이며, 유는 다음 생(태어남)의 조건이므로 결국 식이 윤회한다는 것이 대승불교의 견해이다. 이에 대해 소승불교에서는 영혼이 윤회한다고 본다. 12연기는 처음부터 무명이라는 부정적 측면에서 시작한다. 그래서 번뇌 망상을 여의지 못하면 사후에 다시 몸을 받아 태어나는 윤회의 굴레를 벗어날 수 없다. 그러나 무명이 없는 긍정적 연기의 세계에서는 번뇌 망상을 여읨으로서 윤회하지 않게 된다.

생의 윤회전생(輪廻轉生)을 4기로 나눈 것을 사유(四有)라 한다. 중유(中有)는 전생과 금생 또는 금생과 내생의 중간에 있는 몸(識)으로 49일 동안 생을 받지 못하고 떠도는 기간이다. 생유(生有)는 중유에서 떠돌던 식이 어떤 몸에 들어가 생명이 탄생되어 금생을 시작하는 것이다. 본유(本有)는 나서부터 죽을 때까지의 몸(식)이다. 사유(死有)는 금생의 마지막 몸으로 목숨이 끊어지는 찰나이다. 윤회는 이러한 사유를 통해서 이루어진다고 본다.

석가모니 부처님은 『잡아함경』에서 "마음을 혼란스럽게 하는 것을 가지고 있으면 윤회하게 되고, 그런 것이 없으면 윤회하지 않느니라. 마치 불에다 기름을 부으면 불길이 솟아오르고 기름이 없으면 불길이 솟지 못하는 것과 같으니라."라고 하면서 "이 몸을 버리고 다른 몸으로 태어나는 경우에는 집착이 기름이 된다고 말할 수 있다. 정말로 집착은 윤회에 있어서 기름이니라."라고 했다. 그리고 "이 몸을 버리고 다른 몸으로 태어나는 경우에는 집착이 기름이 된다고 말할 수 있다. 정말로 집착은 윤회에 있어서 기름이니라. … 바라문이여, 누구라도 재생의 태속으로 들어가는 것을 완전히 끊어버려야 할 것이오. 그런 점에서 나를 윤회에 반대하는 사람이라 말 할 수 있소."라고 했다. 결국 석가모니 부처님은 윤회를 반대한 사람이다.

『숫타니파따』에서 "육신과 마음이란 의식이 사라진 자에게는 더 이상 헤아릴 기준이 없다. 그에게 더 이상 이렇다거나 저렇다고 말할 수 있는 그 무엇이 없다. 모든 것들이 없어졌을 때 논쟁할 모든 것들 또한 없어지는 것이다."라고 했다. 죽어서 의식이 사라진 자에게 영혼의 존재 여부를 논쟁한다는 것은 의미가 없다는 뜻이다. 결국 영혼이 있다는 것은 상견이고, 영혼이 없다는 것은 단견이다. 우리는 아직 영혼의 실체를 모르기 때문에 상견과 단견의 양극단을 여의고 중도를 취함이 마땅할 것이다.

그리고 『쌍윳따 니까야』에서는 "완벽한 통찰력에 의해 사물을 있는 그대로 보는 사람은 아득히 먼 과거를 헤아리지 않는다. 지나간 과거를 헤아리지 않으므로 아득히 먼 미래를 헤아리지도 않는다. 과거나 미래에 대하여 헤아리는 것이 없으므로 그에게는 완강한 외고집도 없다. 무엇인가에 대하여 매달리는 집착이 없으므로 그의 마음은 육신에서 떠났고, 감각·지각·의지·의식에서 떠났으며, 번뇌의 집착으로부터 해방되었다. 이러한 해방에 의해 그 마음은 흔들리는 일이 없

다. 마음이 흔들리는 일이 없으므로 그 마음은 기쁘다. 기쁨에
충만한 마음에는 더 이상의 번뇌가 없다. 이렇게 되면 그는 더
이상 윤회의 삶을 받게 되는 어떤 조건도 없게 되었다는 것을
알게 된다."라고 했다. 제법실상에 대해 여실지견을 갖춘 사
람에게 윤회는 더 이상 의미가 없게 된다.

『원각경』에서 이르기를

"금강장이여, 잘 들어라.
여래의 적멸한 성품은
시작도 마침도 없나니
만일 윤회의 마음으로써
따지면 그대로 뒤바뀌어서
윤회의 테두리를 돌뿐이요
부처의 바다에는 들지 못하리."

라고 했다. 윤회의 마음을 가지는 한 부처의 적멸한 성품에는
이르지 못하게 된다는 것이다. 윤회사상은 원래 고대 바라문
교에서 전래되어 온 것이지 불교에서 시작된 것이 아니다. 석
가모니 부처님은 이런 윤회 사상에 반대하면서 오직 번뇌에

따른 집착이 있다면 윤회하게 된다고 말한 것이다. 그런데 현대 불교에서 이런 윤회사상이 중시되고 있는 것은 석가모니 부처님의 근본 사상에 부합되지 않는 것이다. 이러한 결과는 스님들이 아무리 강조해도 중생들이 번뇌에 대한 집착을 버리지 못하는 탓일까?

0 6 ❖ 연기관계

연기관계는 일반적으로 어떤 매체를 통해 서로 간에 주고받음의 관계이다. 즉 인간과 인간 사이, 인간과 자연(우주 만유) 사이 그리고 자연과 자연 사이의 주고받음이 일반적인 상호의존적 연기관계이다. 따라서 만유의 시간과 공간적 변화는 연기적 관계 때문에 일어나는 현상이며 그리고 이러한 연기관계는 인간의 인식에 무관하게 무시이래로 이어지고 있다.

일반적으로 연접적(連接的) 연기는 가까이서 일어나는 적극적 연기관계이고, 이접적(離接的) 연기는 멀리 떨어져 일어나는 소극적 연기관계로써 그 영향은 비교적 약하다. 세상에서 어떤 것이든 연접적 연기관계나 이접적 연기관계를 벗어나는 것은 존재하지 않는다.

지상의 각 개체는 지상의 만물과 연기적 관계를 맺고 있으며, 나아가 지구 바깥의 여러 천체들과 이접적 연기관계를 맺고 있다. 이처럼 우주 내 만물은 연기적 그물에 서로 얽매여 있는 셈이다. 그래서 한 곳의 그물코에 영향을 주면 그 영향이 전 우주적으로 사방으로 퍼져나가게 된다. 이런 연기적 그물망을 불교에서는 우주인드라망(우주적 그물망)이라 부른다.

　스피노자는 "인간이 자연의 일부가 아니라는 것은 불가능하며, 또한 인간이 오로지 자기의 본성에 의해서만 이해될 수 있는 변화, 곧 자신이 타당한 원인이 될 만한 변화만을 받아들인다는 것은 불가능하다."[11]라고 하면서 "인간은 항상 열정에 필연적으로 예속하며, 또한 자연의 공통된 질서를 따르고 그것에 복종하며, 사물의 본성이 요구하는 만큼 그것에 적응 한다."라고 했다. 이것은 인간이 자연의 한 구성원으로써 자연과 더불어 무위적 연기관계를 이어가고 있음을 뜻하며 그리고 이런 관계는 사물의 본성이라는 것이다.

　한편 바디우는 존재와 질서에 대해 존재의 진리에 접근하기 위해서는 대상과 결별해야 한다고 했다. 그리고 그는 '모

---

11 『에티카』: 스피노자, 강경계 옮김, 서광사, 2012, 250쪽

든 진리에는 대상이 없다.'라고 단언한다. 이제 주체성은 대상과 결별하고 '대상 없는 주체의 길'을 따르게 된다는 것이다.[12] 그래서 '진리의 탈대상화와 주체의 탈대상화'를 포섭한다. 대상을 단일한 주체(개체)로 보고 이로부터 진리를 찾는다면 이것은 극히 제한적인 진리일 뿐이다. 그러나 '대상이 없다'는 것은 '특정 대상을 상대로 하지 않고 집단 전체'을 대상으로 한다는 것으로써 '대상이 없는 존재'에 대한 진리 추구는 곧 우주 만유에 대한 연기적 진리 추구로 볼 수 있다. 이처럼 바디우는 개체보다 다수의 전체(집합 또는 집단)를 통해서 진리를 추구하고자 한다. 이것이 바로 '진리의 탈대상화'로 특별한 대상을 떠난 우주 만유의 연기적 진리에 해당한다.

즉 연기적 세계에서는 연기집단의 연기적 특성에 의해 존재가치나 존재의 진리가 규정되므로 특별한 어떤 대상을 상대로 진리를 규명할 수 없다. 이런 관점에서 만유에 대한 연기적 진리의 규명을 '진리의 탈대상화' 또는 '주체의 탈대상화'로 볼 수 있다. 여기서 후자의 탈주체화란 곧 탈자아로서 무자성에 이름을 뜻한다. 이것은 연기관계를 위한 필수 조건이다.

---

12 『철학을 위한 선언』: 알랭 바디우, 서용순 역, 도서출판 길, 2010, 29쪽, 34쪽

바디우는 일자를 부정하고 존재하는 것은 본질적으로 다수일 뿐이라고 주장한다.[13] 이것은 "사물들의 관계나 사물들의 모습들의 관계는 언제나 우리들의 신체에 의해 매개되어 있고, 자연 전체는 우리 자신의 삶의 연출이요, 일종의 대화 속에 있는 우리의 대화자이다."[14]라고 하면서 '세계-에로의-존재'를 강조한 메를로-퐁티의 사상과 같은 맥락이다. 또한 '존재-로서의-존재'란 것도 실은 연기는 존재이고 존재는 연기이므로 '만유의 존재는 연기적-존재-로서의-존재'임을 뜻한다. 즉 '연기적-존재-로서의-존재'는 우주 만유의 존재이법에 해당한다.

한편 아인슈타인은 인간은 생각하고, 느끼고 행동하는 데에서 자유로운 것이 아니라 별의 운동에서처럼 인과적으로 얽매여있다고 했다. 이것은 만유가 상의적 수수관계로 서로 얽매여 있는 우주적 연기의 세계를 강조한 것이다.

상호 의존적 관계는 일반적으로 두 개체 이상의 집단에서 일어나며, 불법은 이러한 연기법을 근본 바탕으로 한다. 따라서 불법의 세계는 연기적 세계이다. 이런 관점에서 어떠한 내

---

13 『철학을 위한 선언』 : 알랭 바디우, 서용순 역, 도서출판 길, 2010, 31쪽
14 『지각의 현상학』 : 메를로-퐁티, 류의근 옮김, 문학과 지성사, 2008, 480쪽

용이 연기법으로 설명되지 않으면 그것은 불법을 벗어나는 것으로 볼 수 있다. 소승에서는 개인연기(12연기)를 중시한다. 개인연기는 소극적 연기를 뜻하는 것에 비해 대승에서는 다수의 연기 집단인 화엄세계를 중시한다. 그래서 대승이라는 우주적 수레에 우주 만유 모두가 함께 타고 가는 것이다.

연기관계는 일반적으로 동적 관계성이다. 왜냐하면 연기는 연속적으로 서로 에너지를 주고받는 관계이므로 정지된 정적 상태가 아니라 항상 움직이는 동적 상태를 유지하게 된다. 따라서 연기적 세계에서는 만물이 운동하며 움직이는 세계이다. 비록 정적 상태에 머문다 해도 이런 상태는 연기적 관계에 의해 곧 동적 상태로 바꾸어진다. 그래서 움직임 속에 고요함이, 고요함 속에 움직임이 있는 동정일여(動靜一如)함이 연기의 특성이다. 이처럼 연기관계는 시간과 공간적 변화를 이끌어낸다. 이것이 바로 제행무상(諸行無常)이고 제법무아(諸法無我)인 것이다.

연기작용은 만유 사이에서 동시적으로 섬광처럼 빠르게 광범위하게 일어난다. 따라서 자연은 언제나 가변적이며, 개체들과 집단들에 의해서 개조되고, 구성되고, 재구성되며 진화한다. 이런 점에서 연기적 세계에서는 전체적 관념과 부분들의 통일성이 추구된다. 그리고 인간이 연기를 이끄는 것이 아니라 연기가 인간을 이끌어 간다. 즉 인간은 만유의 연기적 관계에 얽매여 살아가는 셈이다.

자연계의 만물은 무위적 연기관계를 따르며 진화하지만, 인간계에서는 지성적 의지에 따른 유위적 행에 의해 자연의 무위적 연기관계를 벗어나려고 한다. 의지는 자아의 존재를 잠재적으로 인정하는 것으로써 불법에 어긋난다. 따라서 다양한 수행을 통해서 가능한 무위적 연기적 불법을 따르고자 노력함이 마땅하다.

연기관계에서는 보이는 것, 즉 지각으로 인식되는 것과 보이지 않는 것을 두루 포함한다. 후자의 경우는 사물이나 생각에 따른 감정적인 경우이다. 예를 들면 원자나 소립자 같은 미시(극미) 세계나 우주와 같은 극대 세계는 특별한 기기를 사용치 않고는 인식되지 않는 세계이다. 그리고 실제 사물과는 무관한 다양한 주관적 추론(감정적 또는 이성적)들도 연기관계에 중요한 영향을 미친다. 보이는 세계와의 연기관계는 비교적 잘 이끌어갈 수 있지만 보이지 않는 세계 즉 직접 인식되지 않거나 머릿속에서 추론적으로 생각되는 주관적 연기관계는 특히 많은 오류와 고통의 씨앗을 만들어 내게 된다.

연기의 세계에서는 상호간의 대립과 모순을 통한 초월이 일어나는 것이 아니라 상호 의존적 관계를 통해 자타동일의 조화로운 경지에 이름이다. 따라서 연기관계는 정반합의 변증법을 따르는 것이 아니라 적극적인 관계를 통한 새로운 질의 변화를 일으키면서 원융한 이완상태에 이르는 것이다.

0 7 ❖ 연기적 주체와 객체

주고받는 연기적 세계에서는 주는 자와 받는 자 사이에 항상 동등한 관계가 성립해야 한다. 그렇지 않고 주는 자가 이기심에 따라서 받는 자보다 우월하다는 생각을 하게 되면 주체와 객체 사이에 불평등한 관계가 성립하게 된다. 이런 경우에는 올바른 연기적 관계가 성립할 수 없게 되므로 주체와 객체가 동등하다는 주객불이(主客不二)라는 평등한 관계가 성립하지 못 하게 된다. 이런 주객불이의 관계는 인간과 인간 사이뿐만 아니라 인간과 자연 사이에서도 성립되어야 한다.

질 들뢰즈는 "모든 사물은 동시에 신체이고 정신이며, 사물이고 관념이다."라고 했다.[15] 이것은 신체와 정신이 별개의 것이 아니고 동등하다는 심신불이(心身不二) 사상을 뜻 하는 것이다. 데카르트가 '나는 생각한다. 고로 존재한다.'라고 했다. 여기서 정신은 있지만 신체는 존재하지 않는다. 이것은 신체와 정신을 별개로 보는 이원론이다. 신체 없이 정신이 존재한다는 것은 불가능하다. 그래서 질 들뢰즈는 "신체의 계열과 정신의 계열은 동일한 질서뿐만 아니라, 동등한 원리 아래서 동일한 연쇄를 나타낸다."[16]라는 심신불이 사상을 보이고 있다.

한편 데리다는 해체를 주장한다. 해체란 존재자 즉 주체와 객체 사이의 상의적 관계를 통한 개체의 정체성 상실을 뜻하는 것으로 연기적 관계의 형성을 가능케 한다. 그리고 단일 언어, 단일 민족, 단일 문화 등 단일성을 해체하고자 한다.[17] 이것은 모두가 집단 연기성에 따라서 독립된, 고정된 고유성을 부정하며, 복수성에 의한 주객불이한 집단 연기성의 주장으로 볼 수 있다.

그리고 스피노자는 "인간은 자기의 유(有)를 유지하기 위해서는 모든 사람이 모든 것에서 일치하는 것, 모든 사람의 정신과 신체가 하나가 되어 마치 하나의 정신과 하나의 신체를

---

15 [스피노자의 철학]: 질 들뢰즈, 박기순 옮김, 민음사, 2013, 103쪽
16 [스피노자의 철학]: 질 들뢰즈, 박기순 옮김, 민음사, 2013, 105쪽
17 『How to read 데리다』: 페넬로페 도이처 지음, 변성찬 옮김, 웅진, 2007, 102쪽

구성하여 모든 사람이 동시에 가능한 한 자신의 유(有)의 유지에 노력하고, 모든 사람이 동시에 모든 사람에게 공통된 이익을 추구하는 것보다 더 가치 있는 어떤 것도 바랄 수 없다."[18] 라고 했다. 이것은 만유가 심신일여(心身一如)로 조화로운 연기적 관계를 유지하는 것이다. 스피노자는 이를 '이성의 명령'이라고 했다.

일반적으로 연기적 세계는 물과 심이 하나 되는 물심불이(物心不二)의 상호 연기적 관계가 이루어지는 세계이므로 여기서는 어떤 일정하게 고정된 준거가 존재할 수 없게 된다. 그래서 『대지도론』의 게송에서

"온갖 모든 법 가운데는
다만 마음과 물질이 있다.
만약 진실하게 살피려하면
마음과 물질을 살펴야한다.
비록 어리석은 마음이 생각 많아
이 밖의 다른 일을 분별하지만

---

18 『에티카』: 스피노자, 강경계 옮김, 서광사, 2012, 262쪽

마음과 물질 벗어난 법은
다시 한 법도 있지 않도다."[19]

라고 하는 것이다. 이처럼 연기적 세계에서는 마음과 물질이
동등한 물심불이의 관계가 성립한다.

한편 바디우는 "나는 철학의 가능한 재탄생에 비추어 '대
상 없는 주체'의 문제를 중심으로 삼는다."[20]라고 하면서 진
리의 탈대상화와 주체의 탈대상화를 주장했다. 연기적 세계
에서는 특별한 주체나 특별한 객체(대상)도 없이 모두가 주객
불이로 동등하다. 이런 관점에서 특별한 주체나 대상도 없이
모두가 동등한 존재이므로 바디우의 말처럼 주체의 탈대상화
를 말할 수 있다. 또한 진리의 탈대상화도 연기의 세계에서는
연기집단의 연기적 특성에 의해 존재가치나 존재의 진리가
규정되므로 특별한 어떤 대상을 상대로 진리를 규명할 수 없
다. 이런 관점에서 만유에 대한 연기적 진리의 규명을 '진리
의 탈대상화' 또는 '주체의 탈대상화'로 볼 수 있으며, 이것은
주체와 객체가 동등하다는 주객불이사상을 뜻하는 동시에 존

19 『아함경 - 7권』: 학담, 한길사, 2014, 21쪽
20 『철학을 위한 선언』: 알랭 바디우, 서용순 역, 도서출판 길, 2010, 136쪽

재는 본질적으로 다수라는 것이다. 이것은 곧 존재는 연기적
이란 뜻이다.

또한 바디우는 "인간이 주체가 되고 세계가 대상이 된다는
사실은, 전면화되고 있는 기술의 본질이 낳은 결과일 뿐이
다."[21]라고 하면서 "기술은 무사유를 절정으로 이끈다. 왜냐
하면 사유는 단지 존재에 대한 사유일 뿐이고, 존재자를 엄격
히 숙고할 때 기술은 존재의 퇴각이라는 최종적인 운명을 갖
기 때문이다."[22]라고 했다. 나아가 "기술의 전지구적 지배는
철학을 종식시킨다. … 왜냐하면 기술과 관련하여 철학은, 더
정확히 말해서 존재의 힘과 관련하여 철학이 보유하고 의미
하던 것은 지구를 황폐화하려는 의지로써 완성되기 때문이
다."라고 했다. 결국 기술은 객체의 존재를 중시하지 않는 인
간중심적인 생존의 수단인 동시에 기술과 결합된 자본주의는
철학적 사유를 종식시킬 뿐만 아니라 궁극적으로 자연을 파
괴하면서 인류를 멸망으로 이끌게 될 것이라는 것이다.

일찍이 프랑스 철학자 앙리 베르그송은 20세기 초에 "……
인류는 자신이 성취해낸 진보의 무게에 짓눌려 신음하고 있

---

21 『철학을 위한 선언』: 알랭 바디우, 서용순 역, 도서출판 길, 2010, 73쪽
22 『철학을 위한 선언』: 알랭 바디우, 서용순 역, 도서출판 길, 2010, 74쪽

다. 자기 스스로가 미래를 좌우하고 있다는 사실을 모르고 있는 것이다. 인간은 스스로를 위해 무엇보다도 먼저 마음의 결정을 내려야한다. 계속 살아남아야할 것인지 아니면 사라져 버릴 것인지에 대한 결정을."하도록 경고한 바 있다.

주체에 대하여 하이데거는 다음과 같이 말했다. "우리시대는 '주체성이 그것의 완결로 나아가는' 시대이며, 따라서 사유는 지구의 파괴적 대상화에 다름 아닌 '완결'의 너머에서만 완성될 수 있고, 주체의 범위는 해체되어야 하며 형이상학의 최후의(엄밀히 말하면 근대적인) 구현으로 간주되어야 한다. 또한 주체의 범위를 중심적 장치로 삼는 합리적 사유의 철학적 기제는 이제 그 기제를 기초 지은 것[존재]에 대한 끊임없는 망각에 사로잡혀 있다. 그리하여 '몇 세기 이래 이처럼 칭송받아 온 것, 즉 이성의 사유의 가장 끈덕진 적대자라는 것'을 우리가 배우게 될 때에만 비로소 사유가 시작될 것이다."[23]라고 했다. 즉 주체나 주체성의 주장은 객체와의 상대적 관계로서 서로 분별적 개념을 지니게 된다는 것이다. 이런 경우는 만유의 상호 의존적인 연기관계가 무시되는 경쟁적 관계로 이어지게

23 『철학을 위한 선언』 : 알랭 바디우, 서용순 역, 도서출판 길, 2010, 67쪽

된다. 하이데거는 이런 관점에서 탈주체화를 주장한 것이다.

스피노자는 "인간은 전체 자연의 일부이며, 인간의 본성이 자연의 법칙에 복종하도록 강요받고 또 인간 본성은 무한한 방식으로 자연에 순응하도록 강요받는다고 생각하는 경우에 악이 인간에게 생길 수 있다."[24]라고 하면서 "우리들은 자연에서 인간 말고는 우리들이 즐길 수 있는 자연의 어떤 것도, 또 우리들이 그것과 우정 또는 어떤 종류의 교제를 맺을 수 있는 어떤 개물도 자연의 정신 속에서 찾지 못한다. 따라서 우리들의 이익을 고려하는 이성은 인간 이외에 자연에 존재하는 모든 것의 유지를 요구하지 않는다. 오히려 이성은 그것들을 다양한 용도에 따라서 보존하거나 파괴하며 또는 모든 방법으로 우리들의 필요에 적응하도록 우리들을 가르친다."[25]라고 했다.

인간이 객체인 자연 만물과 무관하게 우월적 존재자로 자연을 마음대로 이용하고 파괴할 수 있는 권리를 가진 것으로 보는 태도는 주객불이 사상에 어긋나는 것으로서 만유의 연기적 삶을 파괴하는 그릇된 행위를 유발하게 된다. 스피노자

---

24 『에티카』: 스피노자, 강경계 옮김, 서광사, 2012, 316~317쪽
25 『에티카』: 스피노자, 강경계 옮김, 서광사, 2012, 322쪽

는 인간중심적 이성이 자연과의 조화로운 연기적 관계를 저해하는 요인으로 생각한다. 따라서 올바른 연기적 세계를 펴기 위해서는 인간의 이성이 주체와 객체가 동등하다는 주객불이 사상을 바탕으로 해야 한다.

0 8 ✣ 연기와 학문

모든 학문은 근본적으로 주고받음의 연기관계를 다룬다.
따라서 학문은 궁극적으로 연기와 보편타당한 진리를 근본
으로 하는 이법을 따른다. 즉 모든 학문은 연기법의 세계를 대
상으로 한다. 예를 들면 아래와 같다

사회학 : 주고받음의 질서

경제학 : 주고받음의 효율성

정치학 : 주고받음의 분배 규칙

윤리학 : 주고받음의 당위성

법학 : 주고받음의 정당성

사학 : 주고받음의 역사

철학 : 주고받음의 본질 규명

공학 : 주고받음의 응용적 효율성

의학 : 주고받음의 물심적 순환관계

자연과학 : 주고받음의 자연적 질서

결국 모든 학문은 연기법으로 통섭됨을 알 수 있다.

연기법은 서로 주고받는 상호 의존적 관계의 이법이다. 인간이 만든 모든 학문은 서로 간에 연기적 관계를 이루는 통합적인 것으로 그 근본은 인간을 포함한 자연의 존재와 진화의 이법을 추구하며 실제 생활에서 그 이법을 따르며 실천하는 것이다. 여기에는 보편타당한 객관적 사실(fact)에 대한 지식과 이들 지식들 상호간의 연기적 관계를 통해서 형성되는 인간 행위에 관련된 타당한 지혜와 감성이 함께 내포된다. 따라서 각 학문은 그 적용 영역에서 차이가 존재할 뿐이지 근본적으로는 만유의 존재 이법과 삶의 가치 추구에 연관된 공통적인 연기적 탐구의 목적을 지닌다.

그러므로 만유의 연기적 관계에서는 과학이 근본이라는 과학주의나 철학이 근본이라는 철학주의와 같은 특정한 영역에 국한된 폐쇄적인 주장이나 주의는 존재할 수 없다. 또한 물질이 근본이라든지 정신이 근본이라는 한 극단에 치우치는 것도 그릇된 생각이다. 왜냐하면 정신작용은 물질에 근거하며 그리고 정신작용에 따라서 인간 물질의 구조나 순환이 조절될 수 있고 그리고 인간 행위가 실험이나 관측 대상에 영향을 끼칠 수 있기 때문에 물질과 정신은 상호 연기적 의존관계를 지니면서 외부 반응에 순응하고 적응하며 진화해 간다.

일반적으로 종교는 절대자나 신비적인 초월자를 무조건적으로 신앙하면서 기원과 기복을 바라고 그리고 내세에 좋은 곳으로 가고자 하거나 또는 불가사의한 신비적 깨달음의 성취라는 소망에 근거하여 생기는 순수한 정신적 세계에 국한된 믿음을 근본으로 한다. 따라서 종교는 보편타당한 객관적인 진리 추구를 위한 학문으로 분류될 수 없다. 만약 종교가 객관적인 진리 추구를 위한 학문으로써 기여코자 하려면, 종교가 타 학문들과 밀접한 연기적 관계를 지녀야 한다. 그런데 우주 만물의 창조와 진화를 주재하는 절대자나 초월자를 가정하는 한 우주 만유의 변화의 이법인 연기법을 따를 수 없게 된다. 또한 불가사의한 깨달음을 추구하는 경우에도 보편적인 연기법의 적용이 불가능하다. 그러나 보편적이고 평등한 연기법을 근본으로 하는 불법은 타학문과 상호 연관된 통섭적 관계성을 유지한다.

일반적으로 학문의 기본은 열린 시공간에서 어떠한 기존의

제약도 없이 존재자들 사이에서 일어나는 무위적인 상호 의
존적 연기관계의 이법을 추구하고 그리고 이러한 연기적 이
법에 따라서 만유와 더불어 삶의 가치와 존재가치를 올바르
게 구현하는 데 그 목적이 있다. 여기서는 인간중심적이 아니
라 연기적인 자연중심적 사상을 근본으로 함으로써 우주 만
유의 이법을 주재하는 절대자나 신의 존재에 대한 전제 조건
이 필요치 않게 된다.

　만약 절대자나 신의 존재를 가정하는 종교를 타 학문처럼
보편타당한 진리 추구의 분야로 취급하고자 한다면 절대자나
신들도 인간을 비롯한 자연 만물과 상호 의존적인 연기적 관
계를 따라야 한다. 그래서 인간이나 자연 만물이 연기적 이법
에 따라서 진화를 하듯이 절대자나 신들도 연속적인 연기적
변화의 과정을 반드시 따라야 한다. 만약 이러한 연기적 변화
를 거부하고 절대성이나 완전성을 주장한다면 보편타당한 객
관적 진리 추구는 불가능하게 된다.

　고정 불변의 깨달음을 추구하는 특수성의 경우에도 마찬가
지로 객관적인 보편적 진리 추구와는 거리가 멀어지게 된다.
이처럼 연기적 세계에서는 불변의 절대성을 가정하는 한 절
대자에 의해 이루어지는 모든 자연 현상이나 인간의 진화가

보편타당한 과학적 방법으로 설명되기는 불가능해진다.

일반적으로 자연과학, 사회과학, 인문과학 등에서 언급되는 과학은 보편타당한 객관적 진리 추구를 뜻하는 것이지 결코 물리, 화학, 생물, 천문학, 지구과학 등등에서 언급되는 자연 과학의 범주에 국한되는 것이 아니다. 이처럼 일반적으로 광의의 과학은 물질과 정신 모두를 아우르며 보편타당한 객관적 진리를 추구하는 모든 학문 분야를 의미한다.

흔히 자연과학이라고 하면 정신이 배제된 순수 물질에 연관된 학문 분야로 보는 경향이 보통이다. 그래서 자연과학은 오직 자연에 대한 물적 지식을 추구할 뿐이며 정신적인 감성이 배제된 분야로 보는 것이 일반적 경향이다. 만약 사물에 대한 지식만을 추구하고 감성적인 정신세계가 배제될 경우에 그 지식은 권위적인 오만을 낳기 쉽고 그리고 나아가 과학기술과 더불어 정신세계의 파괴를 유발할 수 있는 위험성을 내포하게 된다. 그러나 자연과학도 실은 타 분야의 학문과 긴밀한 상호 연기적 관계를 지니므로 이들의 다양한 지식들 사이의 연기적 관계에서 지혜로운 심성이 생기면서 만유의 존재가치를 바르게 실현하는데 기여할 수 있어야 한다. 그렇지 못할 경우에는 자연과학에 생명의 존귀성이 내재하지 못함으로써 첨단 기술과 더불어 인간에게 해악을 끼칠 수 있고 그리고 자연 만물을 훼손하고 파괴하는 수단으로 쓰일 수 있게 된다.

따라서 모든 학문이나 믿음은 만물이 생명을 지닌다는 생명관과 상호 의존적인 연기법을 근본으로 할 때 비로소 만유의 존재가치와 삶의 가치 구현에 바르게 기여할 수 있게 될 것이다. 여기서 언급되는 객관적 진리는 연기적 진리(가설)로써 고정된 절대적인 것이 아니라 인간의 인식 한계가 넓어지고 깊어질수록 그에 상응하여 항상 변화해 가는 진리를 뜻한다.

자연은 우연성과 불확실성을 그 속성으로 함으로 핵물리학자 존 휠러의 말처럼 "법칙이 존재하지 않는다는 법칙을 제외하면 법칙은 존재하지 않는다." 이것이 곧 연기법이며, 이를 제외하고는 이 세상에 변치 않는 진리란 존재하지 않는다. 그렇다면 종교에서 흔히 언급되는 절대자나 인격신 또는 신비적인 초월자들도 역시 자연의 우연성과 불확실성을 그 속성으로 함으로 이들에 의한 절대 진리란 존재할 수 없게 된다.

아인슈타인은 "우리가 이해할 수 있는 것을 넘어선 힘에 대한 숭배가 바로 종교이다. 그런 정도까지 말한다면, 나는 실제로 종교적이다.[26] (중략) 우리가 경험할 수 있는 가장 아름

다운 감정은 신비감이다. 그것은 모든 진정한 예술과 과학의 요람에 자리 잡고 있는 근본적인 감정이다. 이런 감정이 낯설어서 더 이상 경외감에 감동하고 넋을 빼앗기지 않는 사람은 죽어버린, 꺼져버린 촛불에 지나지 않는다. 경험할 수 있는 것으로 부터 그런 감정을 느끼려면 우리의 정신이 알아낼 수 없는 그 아름다움과 장엄함이 간접적으로 우리에게 닿을 수 있은 무엇이 있어야 한다. 그것이 종교적이다. 그런 뜻에서 그리고 그런 뜻에서만 나는 독실하게 종교적인 사람이다."[27]라고 했다.

또한 그는 "나는 존재하는 모든 것의 법칙적 조화로 스스로를 드러내는 스피노자의 신[범신론]은 믿지만, 인류의 운명과 행동에 관심을 가지고 있는 신은 믿지 않는다."라고 하면서 "우리가 인식할 수 있는 모든 법칙과 관계의 뒤에는 무엇인가 미묘하고, 막연하고, 설명할 수 없는 것이 있다는 것을 알게 될 것이다. 우리가 이해할 수 없는 것을 넘어선 힘에 대한 숭배가 바로 종교이다."라고 했다. 그러면서 "우주적, 종교적 느낌은 과학 연구의 가장 강력하고 가장 숭고한 원동력이다."라

26 『아인슈타인: 삶과 우주』: 월터 아이작슨, 이덕환 옮김. 까치, 2007, 455쪽
27 『아인슈타인: 삶과 우주』: 월터 아이작슨, 이덕환 옮김. 까치, 2007, 459쪽

고 했다. 이러한 아인슈타인의 종교관은 실질적인 진리 추구에 바탕을 둔 신비적 현상에 대한 탐구정신이다.

한편 "정신은 우주의 법칙에서 발현되는 것이고, 우주의 법칙은 인간의 정신보다 엄청나게 뛰어나며, 하찮은 능력을 가진 우리가 겸손하게 느껴야만 하는 것이다. 그래서 과학의 추구는 특별한 종류의 종교적 감정으로 이어진다."[28]라고 했다. 그래서 "종교가 없는 과학은 절름발이고, 과학이 없는 종교는 장님이다."라고 하면서 "오늘날 종교계와 과학계 사이에 존재하는 갈등의 주된 원인은 이러한 인격적 신의 개념 때문이다."라고 했다.

이런 맥락에서 오늘날 특히 개신교에서 주장하는 창조론이나 지적설계론이 연기적 현실 세계에서는 논의 대상이 될 수 없게 된다. 뿐만 아니라 객관적 타당성을 가지지 못하는 영혼의 존재나 내세의 세계를 신봉하는 무조건적 신앙중심의 종교 역시 건전한 연기적 사회에서는 용납되기가 어려운 것이다.

칸트는 "신과 자유의지 등 경험에 속하지 않는 사물은 과학

---

28 『아인슈타인: 삶과 우주』: 월터 아이작슨, 이덕환 옮김. 까치, 2007, 643쪽

적 인식의 대상이 아니라 신앙의 대상이다."[29]라고 했다. 그리고 데이비드 흄은 "세계가 설계된 것으로 보인다 해서 실제로 설계되었거나 신이 그 설계자라는 주장이 따라 나올 수는 없다."[30]라고 논증했다. 두 접시저울에서 한쪽 접시가 위로 올라가는 것을 보고, 다른 접시에 무거운 것이 올라 있다는 것 이외는 아무런 정보(색깔, 크기, 모양 등등)도 알 수 없는 것처럼 경험되는 것만으로 신에 의한 세계의 설계를 주장하는 것은 바람직하지 않다는 것이다. 뿐만 아니라 일방적인 폐쇄된 이념이나 주의는 청정한 심성을 지닌 젊은 세대에게 개방적인 연기적 심성을 심어줄 수 없게 되므로 선과 악의 양날의 칼을 쥔 인류라는 호모사피엔스 종이 자연선택의 원리에 따라서 지상에서 사라지는 위기가 초래될 수 있는 가능성을 배제할 수 없게 된다.

---

29 『지혜를 주는 서양의 철학과 사상』: 가나모리 시게나리, 이재연 옮김, 다른
   생각, 2008, 159
30 『철학자와 철학하다』 : 나이젤 워버턴, 이신철 옮김, 에코, 2012, 125쪽

0 9 ❖ 연기와 무아, 무상

　　주고받음의 연기관계에서는 어떠한 것도 고정된 정체성을 가질 수 없이 변화한다. 이러한 개체의 정체성 상실 때문에 무아라 하며, 항상함이 없기 때문에 무상이라고 한다. 연속적 연기관계에서 일어나는 정체성의 상실을 공 또는 연기공이나 필연공이라 한다.

　　『반야심경』에서 나타나는 '색즉시공(色卽是空) 공즉시색(空卽是色)'은 연기의 세계에서 일어나는 무상과 무아에 연관된 연기공을 뜻하는 것이다. 즉 연기관계에서 만물은 자성의 상실로 무상, 무아의 연기공(색즉시공)이 되며, 연기공은 곧 만물의 존재(공즉시색)를 뜻한다는 것이다. 결국 '색즉시공 공즉시색은' 연기적 이법의 본체를 나타낸다. 색을 속제(현상계), 공을 진제(진리)로 보는 경우에도 색즉시공 공즉시색은 속제는 진제이고 진제는 속제라는 뜻으로서 속제와 진제는 동일하다는 진속불이(眞俗不二)의 연기법을 나타낸다.

연기관계에서 자성이 사라지면서 새로운 자성이 생기는 변화가 계속 이어진다. 이때 지나간 자성은 그 개체의 삶의 역사를 만들어간다. 그래서 현재는 과거의 열쇠이고 또한 미래의 열쇠라고 한다. 즉 현재 상태에서 지나간 과거의 자성들의 흔적이 남아있기 때문이며, 또한 현재 상태를 봄으로써 미래의 상태를 예측할 수 있는 것이다. 그래서 눈 밝은 자는 사람이나 사물의 현재 상태를 봄으로써 지나온 과거의 역사나 다가올 미래의 상태를 예측할 수 있게 된다. 이런 관점에서 타자와의 연기관계에 따른 무아나 무상이 단순히 허무한 공이 아니라 개체의 구체적인 역사적 사실을 지니고 있는 셈이다.

석가모니 부처님이 노인, 병자, 죽음 등을 보고 인생에 대한 회의를 품고 출가했으며, 6년의 고행 끝에 성도를 이루게 되었다. 그러면 부처님은 성도를 통해서 출가동기에 대한 해답을 얻었는가? 그는 제법무아와 제행무상에서 우주 만유는 항상 서로 주고받는 상의적 관계를 통해서 변화하면서 그 정체성을 잃어간다는 연기법을 터득하게 되었다. 즉 『잡아함경』

에서 "연기법은 내가 만든 것도 아니고 역시 다른 사람이 만든 것도 아니다. 그것은 내가 세상에 나오거나 세상에 나오지 않거나 진리의 세계에 항상 존재하고 있다. 나는 이 진리를 스스로 깨달아 정각을 이루었고, 모든 사람을 위해 가르친다." 라고 했다.

이처럼 연기법은 무시이래로 존재하는 것으로서 『중아함경』에서 "만일 연기를 보면 곧 법을 보고, 법을 보면 곧 연기를 본다."라고 했다. 그리고 『해심밀경』에서는 "여래께서 세상에 나오시든 그렇지 않든 법성은 머물며, 법성이 법계에 안주한다."라고 했다. 이것은 연기법이란 법성은 석가모니 부처님의 출현과 무관하게 무시이래로 존재하는 것이라는 뜻이다. 이러한 연기법에 따라서 인간을 비롯한 모든 사물과 하늘의 천체 등 우주 만유는 태어나서 머물다가 멸한다는 생주이멸과 이루어진 것은 머물다가 파괴되며 사라진다는 성주괴공을 이어간다는 사실을 석가모니 부처님이 처음으로 밝혔다.

그런데도 우리는 하늘의 별들이 생명체로서 우리처럼 유아기, 청년기, 장년기, 노년기, 임종 등을 거치면서 일생을 살아간다는 것에 대해 실감을 하지 못하는 것이 일반적 경향으로 안타까울 뿐이다. 태양의 일생의 1억 분의 1정도로 짧은 일생을 지닌 인간이 우주를 이해하지 못하는 것은 인간의 일생의 1만분의 1정도로 짧은 일생을 지니는 하루살이가 인간을 이해하지 못하는 것과 다를 바 없다. 그런데도 인간이 만물의 영장일까?

빈손으로 태어난 인간은 밖에서 양식을 취하기 때문에 외물에 대한 집착을 버릴 수 없다. 그래서 타자와의 연기적 과정에서 자신이 잘 낫다는 등의 스스로 만들어낸 생각이나 느낌 등의 아상과 남보다 우월하다는 주종관계의 인상을 가지며 그리고 오래 살고 싶고 또 죽어서 좋은 곳에 다시 태어나고 싶다는 삶에 대한 애착심인 수자상을 가지게 된다. 아상, 인상, 수자상은 모두 자신의 집착에 해당하는 아집이다. 한편 인간은 타자의 주장이나 의견에 맹종하거나 또는 외물에 대한 집착에 해당하는 중생상을 지닌다. 여기서 중생상이나 수자상, 윤회사상 등은 모두 아상에서 비롯된다. 이러한 사상(四相)을 여의고 가능하면 무위적으로   연기법을 따르도록 가르치는 경이 바로 『금강경』이다.

석가모니 부처님은 임종 시에 자신의 등불로 남을 비추어 자신을 보고(자등명) 그리고 법(연기법)의 등불로 타자와 세상을 비추어 보면서(법등명) 올바른 연기법을 따르도록 했으며 그리고 이를 실천하기 위해서는 한시라도 방일하지 않도록 당부했다. 이와 같이 석가모니 부처님은 출가 시에 품은 인간의 생에 대한 회의를 넘어서 우주 만유의 생주이멸과 성주괴공에 대한 연기적 이법을 밝히시고 그리고 그 방편을 설하신 것이다.

1 0 ❖ 연기와 존재

연기는 존재자 사이에서 일어나는 상호 의존적 관계의 이
법이다. 따라서 존재자가 없으면 연기관계가 이루어질 수 없
다. 그러므로 '연기면 존재이고, 존재면 연기이다.' 즉 연기
법은 만물의 존재원리임을 뜻하며, 연기이면 존재이고, 존재
이면 삶이다. 따라서 연기-존재-삶의 상호관계가 성립한다.
이러한 연기의 수행에서는 주는 자의 마음이 청정하고 받는
자의 마음이 청정하며 주고받는 매체도 청정한 삼륜청정(三輪
淸靜)과 주는 자도 연기공이며 받는 자도 연기공이고 주고받
는 매체도 연기공이라는 삼륜체공(三輪体空)의 조건을 만족하
게 된다.

서양철학에서 다루는 주요한 주제는 주로 주체, 존재, 진리

이다. 데카르트는 '나는 생각한다. 고로 나는 존재한다.' 라고
했다. 여기서 오직 정신만 지닌 데카르트는 외부 대상과 단절
된 자기중심적 존재를 찾고 있다. 그러나 하이데거는 "우리는
순전한 주관적 표상들 (또는 심리학의 차원에 존재하는 것)이나 이념
적 현실성(의식에 의해 주어진 것을 부당하게 '현실화' 하거나 실체화하는
것)을 이해하려 해서는 안 되고, 바로 '현상들' 만을 이해하고
자 해야 한다."[31]라고 하면서 현존재가 세계 안의 타자들에 몰
입하여 거주하는 '세계-내-존재'[32]로서의 인간존재를 추구
하면서 타자와의 깊은 연관성을 지닌 존재를 제시했다. 여기
서 존재자에서 현존재로의 전환은 바로 존재자들 사이의 연
기적 관계를 뜻한다.[33] 이것은 앞서 살펴본 메를르-퐁티의
'세계-에로의-존재' 나 바디우의 '주체의 탈대상화' 와 '진리
의 탈대상화' 같은 맥락으로 타자와의 연기적 관계성에 의한
존재와 진리의 중요성을 강조한 것이다.

그리고 니체는 "인류는 유래와 기원에 관한 질문을 의식에
서 몰아내고 싶어 한다. 그 반대의 경향을 자기 속에서 느끼게

---

31 『하이데거의 존재와 시간 읽기』 : 박찬국 지음, 세창미디어, 2013, 35쪽
32 『존재와 시간』 : 하이데거, 소광희 옮김, 경문사, 1998, 79쪽
33 『현상학이란 무엇인가』 : 피에르 테브나즈, 김동규 옮김, 그린비, 2012, 59쪽

되려면 우리는 거의 탈인간화되어야 하지 않을까?"[34] 이것은 기존의 인간중심적 문화와 철학에서 벗어나 탈자아와 탈인간화로 나아갈 때 비로소 만유와의 평등성과 보편성을 이룰 수 있다는 것이다.

인간의 특화는 비인간적인 굴레이다. 이런 굴레는 자연과 더불어 사는 인류의 역사를 통해서 벗겨져야 한다. 그렇지 못하면 인류는 안정을 찾아가는 자연의 무위적 진화 과정에서 종말을 맞이하게 될 것이다.

질 들뢰즈는 '비인간주의 존재론'을 주장한다. 이 존재론은 정합적인 존재론 체계의 구성에 목적이 있는 것이 아니라, 실천 철학의 토대를 제공하기 위함이다.[35] 여기서 질 들뢰즈의 '비인간주의 존재론'은 인간중심주의를 벗어나 연기법을 근본으로 하는 자연주의에 해당한다.

바디우는 "진리는 새롭고, 새롭기 때문에 드물거나 예외적인 어떤 것인 동시에, 진리에 속해 있는 것의 존재 자체를 건드리는 한, 더 안정된 것, 존재론적으로 말하면 사물의 원래 상태에 가장 가까운 것이다. … 진리의 기원이 사건의 질서

---

34 『인간적인 너무나 인간적인 I』 : 니체, 김미기 옮김, 책세상, 2013, 24쪽
35 『들뢰즈의 철학』, 서동욱 지음, 민음사, 2012, 304쪽

에 속한다는 것이다."[36] 라고 했다. 여기서 진리란 특별한 예외 적인 것이 아니라 연기집단의 연기적 진화에서 일어나는 모든 현상을 보편타당한 진리로 볼 수 있다. 이런 진리는 고정된 것이 아니라 시공간에 따라서 변화하는 연기적 진리이다. '진리의 기원이 사건의 질서에 속한다.' 는 것은 곧 연기적 사건의 질서 자체가 진리를 나타낸다는 뜻이다. 그리고 '사물이 원래의 상태에 가장 가까운 것이다.' 라는 것은 만유의 연기적 존재는 항상 안정된 상태로 이행해 감을 뜻한다.

현상이 주어지면 일차적으로 주체의 몫이다. 그러면 자아론적으로 규정될 수도 있다. 그러나 현상은 타자와의 연기적 관계에서 일어나므로 현상의 인식은 다양한 연기적 관계에서 논의되어야 한다. 다시 말하면 현상 자체가 연기적이면 그 해석은 주관(主體)에 치우치지 않고 타자와의 연기적 관계로 이해되어야 한다.

연기적 세계에서는 연기면 존재이고 그리고 주체와 객체는 분별이 없이 주객불이(主客不二)로서 동등한 존재 가치를 지닌다. 따라서 서양철학도 근본적으로는 연기적 세계와 깊이 연

---

36 『철학을 위한 선언』 : 알랭 바디우, 서용순 옮김, 도서출판 길, 2010, 55쪽

관되어 있음을 알 수 있다. 그러나 인간 사회에서는 주로 삼륜청정과 삼륜체공을 기본으로 하는 만유의 무위적 연기법과 달리 인간중심 사상에 치우치기 때문에 인간 주체의 실존을 중시하며 또한 신과 같은 일자에 의한 절대적 진리체계를 따르려는 경향이 적지 않다. 그리고 다수의 존재 보다는 개체의 존재를 중시함으로써 집단적 연기성을 경시하게 됨으로써 심각한 대립적인 경쟁적 사회를 형성하게 된다.

만약 영혼이 존재한다면 마땅히 영혼도 연기법을 따라야 한다. 만약 영혼이 연기법을 따르지 않는다면 영혼은 존재하지 않든지 또는 물질계와 전연 다른 세계의 존재라야 한다. 즉 영혼의 정신계는 물질계와 다른 비연기적 차원의 세계로서 현실 세계와는 무관한 세계에 속하게 된다.

11 ✦ 연기의 양면성

　바다에서 파도가 일다가 다시 파도가 사라지고 잠잠한 상태가 반복해서 일어난다. 이와 마찬가지로 인간 세상에서도 고통이 일어났다가는 어떤 계기로 다시 기쁨으로 바뀌는 경우가 일반적 현상이다. 결국 연기적 세계에서는 대립되는 어느 한쪽이 영원히 존재하지 못하고 항상 대립되는 두 극단이 서로 바뀌어 나타나고 사라지며 반복된다. 이것은 마치 동전의 양면처럼 한쪽이 앞으로 나오면 다른 쪽이 뒤로 숨고 또 뒤쪽 것이 앞으로 나오면 앞쪽 것이 뒤로 숨는 것과 같은 은현(隱現)의 이치이다. 여기서 동전의 앞면과 뒷면은 상대적이 아니라 함께 있지만 동시에 모두 나타나지 않는 비동시적 동거성으로 연기적임을 주시해야 한다. 즉 유와 무는 상대적 개념이 아니라 연기적 개념이라는 것이다.

다시 말하면 유와 무는 동시에 함께 나타날 수 없으므로 단순히 상대적이라고 말할 수 없다. 일반적으로 우리는 관계나 상호 관계, 상대적 관계 등이란 말을 많이 쓴다. 이때 관계는 엄밀히 말해서 독립된 두 개체 사이의 관계가 아니라 본질적으로 서로 얽매여 있는 연기적 관계인 것이다.

예를 들면 〈고/락〉, 〈행/불행〉, 〈미/추〉, 〈명/암〉, 〈자유/구속〉, 〈유/무〉, 〈은/현〉, 〈생/사〉, 〈동/정〉 등등은 연기적 양면성으로써 비동시적 동거성을 지닌다. 예컨대 고가 나타나면 락이 숨고, 락이 나타나면 고가 숨는다. 이를 '고이면 락이고 락이면 고이다.'(쌍조)라고 긍정적으로 표현하거나 또는 '고가 아니면 락도 아니고 락이 아니면 고도 아니다.'(쌍차)라고 부정적으로 표현하기도 한다.

연기관계에서는 양극단이 번갈아 나타날 수 있으므로 이들이 어느 한 극단에 치우치지 않는 중도를 따름이 마땅하다. 연기의 세계에서는 항상 외부로부터 다양한 영향을 받기 때문에 영원한 절대 행복이나 절대 자유란 존재할 수 없다. 따라서 연기의 양면성을 무시함은 어느 것에도 치우지지 않는 중도에 어긋남으로 불법의 근본 원리를 따르지 못하게 된다. 이런 점에서 연기의 양면성은 곧 중도를 뜻하며 그리고 쌍차쌍조 (雙遮雙照)도 중도의 뜻이다.

중도에서는 두 극단이 서로 달라 보이나 근본적으로 같은 것이다. 이른 경우를 『원각경』에서는 "선남자야, 일체 장애가 곧 구경각이니, 바른 생각을 얻거나 잃거나 해탈 아닌 것이 없으며, 이루어지는 법과 파괴되는 법이 모두가 열반이며, 지혜와 어리석음이 통틀어 반야이며, 보살이나 외도가 성취한 법이 모두 보리이며, 무명과 진여가 딴 경계가 아니며, 계·정·혜와 음(婬)·노(怒)·치(癡)가 모두 청정한 범행이며, 중생과 국토가 동일한 법성이며, 지옥과 천궁이 모두가 정토이며, 성품 있는 이나 없는 이나 똑같이 불도를 이루며, 일체 번뇌가 마침내 해탈이며, 법계에 두루하는 지혜로써 모든 현상을 굽어보는 것이 마치 허공의 꽃 같나니, 이것은 여래가 원각(圓覺)의 성품에 수순하는 것이라 하느니라."라고 했다.

일반적으로 종교에서는 행복과 기쁨을 추구하며 고통보다는 즐거움, 구속보다 자유를 선호한다. 그리고 오래 살고 싶어 하며 죽어서도 좋은 곳에 태어나고자 한다. 이것이 일반적인 인간의 욕망이다. 이런 경향은 연기적으로 어느 한 극단에 치우진 것으로 바른 것이 못된다. 영원히 행복하거나 영원히 즐거울 수 있다는 것은 망상이지 현실은 아니다. 매서운 추운 겨울을 지나면서 피어난 매화꽃에서 풍기는 짙은 향기는 바로 고통이 없이는 행복이나 즐거움이 존재할 수 없다는 것을 의미한다. 비동시적 동거성을 지닌 〈행/불행〉, 〈고/락〉처럼 서로 극단적인 두 가지에는 모두 진리가 내포된다. 즉 행복에도 진리가 있으며 불행에도 진리가 들어 있다. 이것은 불행이나 고통을 통해서 삶의 진리를 찾을 수 있다는 뜻이다. 그러니 어느 한 극단에 치우지는 것이 얼마나 어리석은 짓인가를 알 수 있다.

가비마라 존자는 "나타남도 아니고 숨음도 아닌 법을 진실한 실제라고 설한다. 이런 은현의 이법의 깨달음은 어리석음도 아니고 지혜로움도 아니다."[37]라고 했으며, 용수존자는 "숨고 나타나는 이치를 밝히고자 널리 해탈의 이치를 설한다. 법에 대해 마음이 분별치 않으면 성냄도 없고 기쁨도 없다."[38]라고 했다. 그리고 하이데거는 "존재는 자신을 감춘다. 그 존재는 자신을 감추는 하나의 은적성에 숨어있다."[39]라고 하면

37 『직지, 길을 가리키다』 : 이시우, 민족사 , 2013, 63쪽
38 『직지, 길을 가리키다』 : 이시우, 민족사 , 2013, 65쪽
39 『하이데거와 화엄의 세계』 : 김형효, 청계, 2004, 73쪽

서 "진리는 오직 나타남만이 결코 아니고, 그것은 숨음으로써 나타남과 마찬가지로 근원적이고 나타남과 함께 친밀하게 현현하고 있다. 두 개념 즉 나타남과 숨음은 두 가지가 아니고, 진리 자체의 하나 되기의 본질 현현이다."[40]라고 했다.

이처럼 연기적 양면성은 연기의 근본 속성이며 그리고 두 극단은 근본적으로 동일한 것이다. 이것은 동전에서 어느 한쪽 면만을 고집한다면 그것은 이미 동전이 아닌 것과 마찬가지다.

한편 데리다는 차연(差延)[41]이란 단어를 쓰고 있다. 차연은 차이와 지연의 뜻이다. 여기서 차이는 선과 악 등의 비동시적 동거성의 다양성을 뜻하고, 지연은 이 중에서 어느 한쪽에 치우치지 않는 간격두기이다. 따라서 차연은 비동시적 동거성을 지니는 것들의 다양성을 인정하고 어느 한쪽에 집착하지 않는 뜻으로 연기에 해당한다. 이처럼 데리다의 철학적 사상에는 연기성이 내포되고 있다.

---

40 『하이데거와 화엄의 세계』: 김형효, 청계, 2004, 162쪽
41 『How to read 데리다』: 페넬로페 도이처 지음, 변성찬 옮김, 웅진, 2007, 64쪽

12 ❖ 연기와 삼독

　탐·진·치 삼독은 탐욕과, 진에(화냄), 어리석음으로 인간
의 삶의 과정에서 나타나는 성품을 분별해 보인 것이다. 탐욕
은 인간의 기본 욕망에 해당하며, 진에는 성품에 관련되는 것
이며, 어리석음은 분별적 사유가 부족하기 때문에 생기는 것
이다. 이러한 삼독은 일상적인 삶의 과정에서 유위적이든 무
위적이든 일어나기 마련이다. 다만 그에 집착만 하지 않으면
타자와 좋은 연기관계를 이루어 갈 수 있다.

　탐욕과 어리석음에 비해 화를 내는 것은 순간적으로 번갯
불처럼 일어나는 것으로 참기가 매우 어렵다. 이런 점에서 삼
독 중에서 화를 내는 진에가 가장 무서운 병이다. 따라서 화가
나면 우선 물부터 마시거나 심호흡을 하면서 시간적 여유를

가지고 안정된 상태를 유지하도록 하면서 참는 법을 익혀야 한다. 그렇지 못하면 이미 엎질러진 물을 주어 담기가 불가능한 것처럼 어려움에 처하게 된다.

탐·진·치도 역시 무위적 연기의 도로 이행해 가는 과정에서 일어나는 한 상태로 본다면 이를 구태여 나쁘게 볼 이유가 없으며 오히려 도의 한 상태로 볼 수 있다. 『제행무행경』에서 "탐욕이 곧 도요, 성내고 어리석음도 역시 그러하다. 이와 같은 세 가지 법 가운데 일체의 법이 모두 갖추었다."라고 했다. 이것은 본래 불성을 지닌 마음에서 일어나는 것이므로 처음부터 나쁜 것이 아니라는 뜻이다.

그러므로 삼독이나 선과 악 등은 인간의 감정이나 행위가 근본적으로 무위적 연기의 이법을 이루어가는 과정에서 일어났다가 사라지며 반복됨으로 궁극적으로는 모두가 불성을 지닌 하나의 진화적 과정에서 일어나는 현상의 차이일 뿐이다. 이것이 바로 무위적 연기의 이법이다. 나쁘고 좋다는 특별한 집착을 버리고 여여하게 지난다면 무위진인(여여한 평상심)의 경지에 이르게 된다. 이것이 바로 실제 인간이나 자연의 연기적 삶의 형태며 과정이다.

인간의 모든 행위에는 그 나름대로의 진리가 내포된다. 악은 선을 비추어 볼 수 있는 진리요 선은 악을 비추어 볼 수 있는 진리이다. 그러므로 어느 하나의 행위와 말에서 진리 아닌 것이 없다. 그런데 어느 것은 진리요, 어느 것은 진리가 아니라고 분별하는 것은 연속적인 연기적 현상이나 사물을 보지 않고 한 순간의 단편적인 것에 집착하여 진위를 가리려고 하기 때문에 연기적 진리를 바르게 알 수 없게 된다. 모든 것은 흐르는 물처럼 연속적 진화과정을 통해서 전체적으로 보고 생각하는 전일적 사고가 반드시 따라야 한다. 그렇지 않으면 무위적인 연속적 연기의 이법을 바르게 알지 못하고 특정한 사건이나 현상에 얽매여 집착하게 된다.

유위적으로 조작하면서 살아가는 인간에는 탐욕과 번뇌 때문에 삼독이 생긴다. 그러나 산천초목과 하늘의 천체들은 무위적 삶을 살아가기 때문에 탐하거나 화내고 어리석은 짓을 하지 않는다. 산천초목도 다양한 환경의 변화에 대해 묵묵히 적응하고 수용하면서 지난다. 별들도 살아가는 과정에서 몹시 힘든 진화의 역사를 겪는다. 그러나 모든 것을 수용하고 적응하면서 무위적으로 지난다. 그래서 옛 선사들이 인간도 '돌처럼 바위처럼' 묵묵히 무위적으로 여여하게 살아가기를 권했든 것이다.

1 3 ❖ 연기와 공(空), 가(假), 중도(中道)

상호 의존적 주고받는 연기관계에서는 항상 변화가 일어나기 때문에 고정된 자성이 존재하지 못하므로 공 즉 연기공 또는 필경공이다. 그러나 존재자 자체는 사라지지 않으므로 가짜의 존재자란 뜻에서 가(假)라고 한다. 이것은 있는 것도 아니고 없는 것도 아닌 비유비무(非有非無)의 상태이다. 연기적 변화의 세계에서 우주 만유는 모두가 비유비무인 가의 상태를 유지하는 셈이다.

어떠한 개체나 현상은 모두 연기적 관계에 있으므로 〈유/무〉나 〈은/현〉 등의 연기적 양면성을 지닌다. 여기서 한 극단에 치우치지 않는 것을 중도라 하며, 이런 연기적 사상을 중도관이라 한다.

중도관에서는 유가 무이고 무가 유이므로 유무가 하나라는 뜻에서 유무불이(有無不二)라 한다. 마찬가지로 생과 사가 하나인 생사불이(生死不二), 마음과 몸이 하나인 심신불이(心身不二), 물질과 정신(마음)이 하나인 물심불이(物心不二), 자신과 타자가 하나인 자타불이(自他不二), 주체(주관)와 객체(객관)가 하나인 주객불이(主客不二), 진제(진리계)와 속제(현상계)가 하나인 진속불이(眞俗不二), 나와 외물이 하나라는 물아불이(物我不二)(또는 物我一如), 움직임과 고요함이 하나인 동정불이(動靜不二)(또는 動靜一如) 등으로 어느 한 극단에 치우치지 않는다. 이런 관점에서 중도사상을 둘이 아니라는 뜻에서 불이사상(不二思想)이라고도 한다. 『화엄경』의 〈이세간품〉에서는

"연기는 있지도 않고 없지도 않고
참도 아니고 헛것도 아닌
이와 같이 중도에 들어가
말은 하지만 집착이 없네."

라고 했다. 여기서 참[유]은 상견이고 헛것[무]은 단견이므로 상견과 단견을 여읨이 중도이다.

경에서 이르기를 "세상만사가 어떻게 발생하고 어떻게 소멸하는지에 대한 진상과 지혜에 순응하여 세상을 바라보는 사람에게는 '없음'이나 '있음'이 존재하지 않느니라. 가전연이여, '모든 것이 존재한다.'는 것은 하나의 극단이고, '모든 것이 존재하지 않는다.'는 것은 또다른 한 극단이니라. 여래는 이 양극단을 받아들이지 않고 중도에서 진리를 설하느니라."[42]고 했으며 또한 『잡아함경』에서는 "'일체는 유(有)다'라는 주장은 하나의 극단이다. '일체는 무(無)다'라는 주장은 또다른 극단이다. 나는 이런 두 가지 극단을 버리고 중도를 말한다. 중도란 '이것이 있기 때문에 저것이 있고, 이것이 일어나기 때문에 저것이 일어난다.'는 것이다."라고 했다.

그리고 용수는 『회쟁론』에서 "사물들이 [다른 것에] 연하여 존재하는 것을 공성(空性)이라 부른다. 왜냐하면 [다른 것에] 연하여 존재하는 것은 자성이 없는 것이기 때문이다. [모든 사물은] 무자성하고 무자성이기 때문에 공하다고 생각한다."라고 했다. 이처럼 실체의 자성 또는 정체성의 사멸을 공이라 한다. 여기서 공은 빈 허공의 공과 차별하기 위해서 필경공 또는 연

---

42 『불교의 중심사상』: 무르띠 지음, 김성철 옮김, 경서원, 1999, 115쪽

기공이라 한다. 현실의 실체도 변하여 무자성(탈자아)이 되므로 가(假–가짜, 임시)이다. 그리고 과거의 실체나 현재의 실체에 집착하지 않음이 중도이다.

일반적으로 양극단을 여읜다는 뜻에서 중도를 불이법문(둘 아닌 법문)이라 하고, 이런 사상을 불이사상(不二思想)이라 한다. 대승의 공은 세간의 연기공을 추구하는 반면에 소승의 공은 세간을 초월한 공의 이치를 추구(세간의 진리를 인정하지 않음)한다.[43] 세간의 진리를 인정한다고 해서 이 진리가 고정된 것이 아니다. 왜냐하면 만유는 연기적 관계로 변하기 때문에 진리도 변한다. 그래서 변하지 않는 것이 없다는 것이 변하지 않는 진리이다.

연기관계에서 각 개체의 자성의 소멸을 공 즉 연기공이라 한다. 그러나 개체는 새로운 자성을 지니고 존재하므로 이를 가(假, 현재의 임시 자성)라 한다. 연속적인 연기관계에서는 사라진 과거의 자성이나 새로운 자성에 집착하지 않음을 중도(양극단의 여읨)라 한다.

연기적 관계에서 연속적으로 사라지는 각 개체의 자성은

---

43 『불교사상사』: 양훼이난 지음, 원필성 옮김, 2010, 192쪽

그림자처럼 그 개체의 진화의 역사를 이루게 된다. 따라서 개체의 현재 상태를 살펴봄으로써 과거의 역사를 알 수 있고 그리고 미래의 역사를 짐작할 수 있다. 이런 관점에서 현재는 과거의 열쇠이고 동시에 미래의 열쇠라고 한다.

천태사상에서는 공이기에 가이고 중이며, 가이기에 공이고 중이며 또한 중이기에 공이고 가이므로 공 · 가 · 중을 동시에 한 생각 속에서 체험하는 관법을 일심삼관으로 원융삼관(圓融三觀)이라고도 한다.

1 4 ❖ 연기와 생명

브로테니카 사전에 따르면 생명의 특성은 다음과 같이 요약된다. 첫째 정돈되고 조직화되려는 경향이 있다. 둘째 환경에서 화학물질과 에너지를 얻어 자신의 성장과 유지에 이용한다. 셋째 복제에 의해 자신이 지닌 유전암호를 다음 세대로 전달한다. 넷째 환경의 특성을 감지하여 반응한다. 다섯째 환경에 적응하여 이로운 방향으로 자신을 조절하여 적응한다. 여섯째 물리적 · 화학적으로 일정해지려는 경향이 있고 민감성과 반응의 복잡한 체제를 통해 유지된다. 이런 정의는 지상에 있는 동물과 식물에 적용되는 경우이다. 무생물은 외부 에너지에 반응을 하지만 번식이나 유전암호 전달 같은 생리작용은 없다. 이러한 생명의 정의는 인간중심적 생명 사상에 기

인한다.

불교에서 중생이란 말을 많이 쓴다. 이때 중생을 생물에 국한하는 경우에는 위에서 본 것처럼 무생물은 중생에서 제외된다. 이것은 생명을 좁은 의미에서 보는 경우이다. 그러나 넓은 의미의 관점에서 본다면 생물과 무생물 모두를 포함하는 우주 만물을 중생으로 볼 수도 있다. 왜냐하면 생물의 근원이 무생물에서 시작하기 때문이다. 시초의 존재물을 살아있는 생명체로 본다면 만물이 생명체로 연속성을 지니게 된다.

돌은 분자들로 구성되었다. 외부의 온도 변화에 따라 돌의 온도도 달라진다. 이런 현상은 돌의 구성 분자가 외부로부터 에너지를 받으면 그에 순응하고 적응하며 변화하기 때문이다. 이것이 바로 에너지 순환에 따른 돌의 생의(生意-생명력)이다. 이처럼 만물은 연기적 에너지 순환에 의한 생의를 지니고 있다고 볼 수 있다. 그렇다면 일반적으로 불성을 지닌 우주 만물이 모두 생의 즉 생명력을 지니고 있다고 보는 것이 타당할 것이다.

스피노자는 모든 것의 양태가 두 가지 속성[영혼-정신, 신체-물체]에 모두 참여한다고 보기 때문에 물체 역시 정신적 측면을 가지고 있지만, 우리의 지성이 유한한 탓에 돌이나 쇠와 같은 물체의 영혼(정신)을 알지 못할 뿐이라고 했다.[44] 이것은 만유가 생의(생명력)를 지니므로 정신적 양태를 내포한다는 뜻 이다.

플라톤(B.C. 427~347)은 『타마이오스』에서 "이 우주는 진실 로 신의 '선견(先見)과 배려'[섭리]에 의해서 '그 안에 혼(생명)을 지녔으며 또한 지성을 지닌 살아 있는 것'으로 생기게 된 것 이라고 말해야 한다."[45]라고 하면서 우주를 혼(생명)과 지성을 지닌 살아 있는 것으로 보고 있다.

기원전 3~4세기에 에피쿠로스는"우주 안에 있는 존재는 우리들만이 아니다."라고 했으며, 그리고 2000년 전 로마 시 인 루크레티우스는 "외계에는 다른 인간과 동물이 살고 있는 그러한 지구가 얼마든지 존재한다는 믿음을 가져야 한다."라 고 했다. 이들은 모두 인간과 같은 외계 생명체의 존재를 인정 했다. 한편 16세기에 이탈리아 신부이며 철학자인 브루노는 『원인과 원리와 일자』에서 다음과 같이 말했다.

"사물이 살아 있지 않다고 해도 영혼을 가지고 있습니다. 사물들이 현실에 따라서 영혼과 생명을 받아들이지 못한다

44 『에티카』: 스피노자, 강경계 옮김, 서광사, 2012, 375쪽
45 『타마이오스』: 플라톤, 박종현?김영균 옮김, 서광사, 2008, 84쪽

해도, 원리에 따라서 그리고 영혼성과 생명에 관한 어떤 기본적인 활동에 따라 영혼을 가지고 있습니다. (중략) 생명은 모든 것을 관통하고, 모든 것 안에 있으며, 물질 전체를 움직이고, 물질의 몸을 채우며, 물질을 압도하지만 물질에 의해 압도당하지는 않습니다. (중략) 세계의 영혼은 우주 및 우주가 포함하는 것의 구성적 형상 원리입니다. 즉 모든 사물에 생명이 존재한다면 영혼은 모든 사물의 형상입니다. 영혼은 도처에서 질료를 위하여 질서를 부여하는 힘이며, 혼합된 것에서 지배적입니다. 영혼은 부분의 혼합과 결합을 생기게 합니다. 그렇기 때문에 이러한 영혼의 형성과 마찬가지로 질료의 지속적 존속이 성립하는 것으로 생각됩니다."[46]

이처럼 브루노는 우주 만물이 유형을 가진다면 그것은 영혼에 의해 형상을 가지며, 그런 형상을 가진 물체는 생명이 존재한다는 유기체적 무한성의 우주론을 주장했다. 결국 형상을 가진 우주 만물은 영혼과 생명을 가진다는 것이다. 이에 따르면 천체도 생명을 가진다는 것이다. 이러한 플라톤의 우주적 생명관과 유사한 브루노의 생명관은 보편적인 우주론적

---

46 『무한자와 우주와 세계 외』: 조르다노 브루노, 강경계 옮김, 한길사, 2000, 329~338쪽

생명관으로 볼 수 있다. 이런 혁신적인 생명관을 제시한 신부 브루노는 지상에만 생명체가 존재한다는 신성한 교리의 이단자로 체포되어 1600년에 화형을 당했다.

『마이뜨리 우파니샤드』에서 "음식에서 만물이 생겨났다. 땅에서 사는 생물들은 어떤 것이든 생겨나는 대로 음식에 의지해서 살아가니 다시 삶이 끝날 때 음식에 돌아가 잠기노라."라고 했다. 여기서 음식이란 곧 생의를 지닌 존재물로서 음식을 제공하는 땅도 생명체인 것이다. 음식에서 음식으로 순환하는 것은 아놀드 토인비의 생각과 다를 바 없다. 즉 "사후의 육신이 어떻게 되느냐에 대해서는 신비스러운 것은 없다. 죽은 다음에는 사자(死者)의 물질적 육체는 분해된다. 그것은 생물권 속의 무생물의 요소로 재흡수 된다. 환경 속의 무생물과 생물의 요소들 사이에는 끊임없이 물질의 교환이 이루어지고 있다."[47] 그래서 온갖 만물은 흙(음식)에서 와서 흙(음식)으로 돌아간다고 하는 것이다.

영국 과학자 제임스 러브록은 『가이아』[48]에서 지구를 살아

47 『죽음 그리고 삶』 : A. 토인비 · A. 퀘슬리 편저, 이성범 옮김, 범양사, 1980, 14쪽
48 『가이아』 : 제임스 러브록, 홍욱희 옮김, 범양사출판부, 1996

있는 생명체로 보았다. 그에 따르면 가이아는 지표면에서 약 160킬로미터 아래 지각에서부터 바다와 대기를 지나 우주와 접하는 상공 약 160킬로미터에 있는 열권까지의 공간 지역이다.[49] 이곳에서는 암권, 수권, 기권이 살아서 움직이는 역동적 생물권으로 연기적인 생리적 시스템이 이루어지고 있는 가이아(희랍 신화에 나오는 대지의 어머니)이다.

이처럼 태양으로부터 복사 에너지를 받고 그리고 지구 내부에서 열이 방출되어 땅과 바다에 에너지를 공급하고, 이로부터 대기에 에너지를 공급하면서 바다의 해류 순환, 대기의 순환 그리고 비와 눈에 의한 대기와 땅 사이의 에너지 순환이 일어나게 된다. 이런 바다, 땅, 대기 사이의 에너지 순환이 바로 지구가 살아 있다는 증거이다. 그래서 지구가 살아 있기에 지구에 다양한 생명체가 존재하는 것이다.

한편 지혜 제일인 사리붓다는 "어떤 한 가지 법을 최상의 지혜로 알아야 합니까? 모든 중생들이 음식으로 생존한다는 것입니다. 이 한 가지 법이 최상의 지혜로 알아야 합니다."라고 했다.[50] 여기서 생존 방식으로 음식에 따른 연기관계의 중

---

49 『가이아의 복수』: 제임스 러브록, 이한음 옮김, 세종서적, 2008, 41쪽
50 『디가 니까야』: 각묵 스님. 초기불전연구원, 2006, 제3권 (D34), 472쪽)

요성을 강조하고 있다.

베르그송은 존재를 생명으로 파악했다. 즉 생명을 오성(논리적 지성)에 의해서가 아니라 직각(直覺-사유작용을 거치지 않고 직접 대상을 파악하는 작용)으로 사상의 흐름을 감지하는 창조적 활동에 의하여 파악했다.[51] 이것은 연기가 존재이고, 존재가 연기이므로 연기법에 따라서 생명 자체가 연기적 산물이라는 것이다.

한편 에피쿠로스는 "죽음에 대한 사고는 시간 낭비이다."라고 하면서 "우리의 죽음은 우리에게 일어나는 일이 아니다. 그것이 일어날 때 우리는 존재하지 않는다."[52]라고 했다. 그리고 "태어나기 전에 존재하지 않았던 시간을 걱정하지 않듯이 죽음 이후의 시간도 걱정하지 않는다는 것이다."라고 했다.

그리고 루트비히 비트겐슈타인은 "죽음은 삶에서의 사건이 아니다."[53]라고 했다. 즉 삶과 죽음은 존재의 양상이 다를 뿐이지 실은 동일한 것이다. '나' 라는 존재는 우주적 한 구성원으로서 '삶' 이라는 형태로 존재하다가 삶이 끝나면 '죽음' 이

51 『지혜를 주는 서양의 철학과 사상』 : 가나모리 시게나리, 이재연 옮김, 다른생각, 2008, 252쪽
52 『지혜를 주는 서양의 철학과 사상』 : 가나모리 시게나리, 이재연 옮김, 다른생각, 2008, 36쪽
53 『철학자와 철학하다』 : 나이젤 워버턴, 이신철 옮김, 에코, 2012, 36쪽

라는 존재방식으로 바뀐다. 죽음의 잔해도 역시 생의를 지닌 생명체로서 우주의 한 구성원으로서 존재하게 된다. 따라서 우리의 죽음은 우리의 삶에서 일어나는 것이며 그리고 삶은 죽음에서 일어나는 사건이다. 다만 에피쿠로스의 말처럼 태어나기 전 과거를 걱정하지 않는 것처럼 죽음 이후 우리의 존재를 걱정할 필요는 없다. 죽음의 잔해에서 새로운 생이 탄생되면서 생사가 순환하는 것이 생과 사가 둘이 아니라는 생사불이 한 우주 만유의 연기적 세계이다.

우주가 탄생하면서 그 물질에서 최초의 별이 탄생했다. 별들 중에서 무거운 별일수록 빨리 연료를 소모하게 되므로 가벼운 별보다 일생이 짧다. 별이 임종을 맞이하면 중심부에서 일어나는 핵에너지의 방출이 고갈되면서 내부 압력의 저하로 급격한 중력붕괴가 일어난다. 이때 강력한 폭발로 물질의 대부분이 밖으로 방출된다. 여러 별에서 방출된 물질이 다시 모여 제2세대 종족의 별로 탄생된다. 이와 같은 과정으로 현재 우리 은하계에는 5세대의 별들이 존재한다. 태양을 비롯한 지상의 만물은 제3세대와 그 이전의 세대의 별들의 잔해에서 탄생했기에 우리는 태양과 함께 우주에서 제4세대에 속하는 종족이다.

별이 빛을 내는 생명체이듯이 별이 죽으면서 방출한 잔해도 역시 생명체인 것이다. 이러한 생명체로부터 세대가 이어지는 것이 자연적 현상이다. 따라서 인간이 죽어서 남기는 한 줌의 재도 역시 다음 생명체를 양육하는 생명체의 자양분으로서의 물질인 것이다. 그러므로 이 세상에 생명체 아닌 것이 없다. 이것이 바로 만물은 생명의 음식에서 와서 다시 생명의 음식으로 돌아간다는 뜻이다.

이런 관점에서 우리에게는 원초적인 우주적 정보가 내장되어 있을 것이다. 7~8세기 인도의 종교 철학자 고빈다는 "명상이나 요가 수행을 통해… 잠재의식 속에 숨겨진 무한한 기억의 보물 창고를 열 수 있다. 그 안에 전생들의 기록뿐만 아니라 우리 종족의 과거, 인류의 과거 그리고 인간이 되기 이전에 살았던 온갖 형태의 삶의 기록들까지 보관되어 있다."라고 했다. 칼 융이 주장하는 집단무의식의 원형은 우주 만유가 지니는 일종의 우주심에 해당하는 것으로 볼 수 있다.

인간은 우주의 구성 물질로 이루어진 우주의 구성원이므로 당연히 우주의 원초적 정보가 인간에 원초적인 선험적 무의식으로 내재해 있을 것이다. 이런 우주적 정보는 제9식 아마라식에 내장되어 있을 것이다. 그런데 인간이 문명의 이기를 쓰면서부터 조작된 유위적 행을 하는 과정에서 원초적 정보가 점차 여과되면서 현재는 거의 사라진 상태로 볼 수 있다. 아마 진실로 깨달은 자는 이런 우주적 정보를 조금이라도 끌어낼 수도 있을 것이다.

15 ✦ 연기와 평등성과 보편성

    인간은 남보다 뛰어나고 비범해지기를 원한다. 그래서 남들로부터 칭송을 받고자 한다. 또한 특별한 건축물을 만들어서 세계적 자랑거리로 삼고자 한다. 이런 것들은 모두 아상과 인상에서 비롯되는 허망한 꿈이다. 이 세상에서는 특별한 것도 없고 영원히 존재하는 것도 없는 보편성과 평등성을 근본으로 한다.

    연기적 세계에서는 만물이 서로 주고받는 관계에 있으므로 고정된 자아 즉 자성이 존재할 수 없으므로 무자성이고 무아이며 또한 연기관계가 항상 변화함으로 무상(無常)이다. 따라서 연기적 세계는 차별이 없는 평등하고 보편적 세계를 지향한다. 평등하지 못한 세계는 연기법이 바르게 적용되지 않는 불안정한 세계이다. 그러나 다양한 연기적 관계를 거치면서 결국에는 전체가 평등한 관계로 나아간다.

연기적 존재가치와 삶의 가치의 평등성은 인간을 포함한 만물의 존재가치와 삶의 가치의 동일성을 뜻한다. 따라서 인간이 만물의 영장이란 사고는 인간중심적 사상으로 평등성과 보편성이란 무위적 자연의 이법에 어긋난다. 그래서 『법화경』에서 이르기를 "내가 본래 세운 서원이 일체 중생으로 하여금 나와 같이 평등하여 다름이 없게 하려 함이다."라고 했다.

우주 만유가 모두 평등함으로 자타의 분별이 없는 자타동일 사상이 바로 연기사상이다. 이러한 관계를 현수법장은 『화엄경지귀』에서 "자기가 곧 타자이고, 타자가 자기이다. 자기가 곧 타자이기에 자기가 정립되지 않고 타자가 곧 자기이기에 타자가 존재하지 않는다. 그러므로 타자와 자기가 존재하기도 존재하지 않기도 하는데 그것은 동시에 현현한다."라고 했다.

그리고 독일 철학자 하이데거도 "자기가 곧 타자이고, 타자가 곧 자기이다. 자기가 타자이기에 자기가 독립적으로서 있지 않고, 타자가 곧 자기이므로 타자가 별개로 존재하는 것이 아니다. 타자와 자기, 유와 무가 동시에 현현한다."[54]라고 했다. 이처럼 연기적 세계에서는 자타불이로 만유가 평등하다. 그러므로 자신은 타자의 거울에 비추어 자신을 보고 타자는 상대의 거울에 비추어 자신을 성찰해야 해야 하는 것이 연기적 세계이다.

독일 신학자 에밀 쉬러는 "자기 자신을 잘 알려거든 남이 하는 일을 주의해서 잘 보아라! 다른 사람이 하는 일은 내가 하는 일에 대한 거울이다. 다른 사람을 알려거든 그 사람을 위해주고, 그리고 그 사람을 이해하려거든 먼저 자기 마음속을 들여다보라. 내가 남에게 원하고 싶은 것을 자기가 먼저 베풀도록 하라."라고 했다. 이것은 자신의 존재가 타자의 존재에 근거하는 평등성 때문이다.

연기적 세계에서 특수성이란 존재할 수 없다. 왜냐하면 오랜 시간 동안 연속으로 주고받는 연기적 과정에서 개체의 특수성 즉 특별한 정체성이란 곧 소멸하기 마련이다. 이것은 냇가에 모난 돌이 다른 돌들과 충돌하는 과정에서 모가 점차 마모되어 결국에는 날카로운 모가 사라지고 매끈한 모습을 띠게 된다. 이것이 소위 모난 돌이 정 맞는다는 격언에 해당한

---

54 『하이데거와 화엄의 사유』: 김형효, 청계, 2004, 418쪽

다. 아무리 뾰족한 산이라도 오랜 시간이 지나면 깎기면서 평범한 산으로 변하기 마련이다. 이처럼 연기적 세계는 평등성과 보편성을 그 특성으로 한다.

인류 역사에는 성인과 현인 등 위대하다는 인물이 존재한다. 예를 들어 석가모니, 예수, 공자, 노자 등등 많은 성인들이 있다. 이들은 그 시대가 낳은 인물들로서 보편적인 인물이지 결코 특별한 인물이 아니다. 한 반에서 성적이 일등으로 월등히 뛰어난 학생이 나오는 것과 같은 이치이다. 천체의 경우에도 빛을 빨아들이며 빛을 내지 못하는 초고밀도의 비정상적 물질인 블랙홀이 지상에서는 존재하지 않으므로 특수한 존재로 보이지만 우주에는 큰 별이 죽으면서 남긴 잔해로서의 블랙홀은 무수히 많으므로 이들은 우주에서 지극히 평범한 존재일 뿐이다.

1 6 ❖ 연기와 변화성

　　연기적 세계에서는 만물이 서로 얽매여 있으므로 항상 주
고받음의 과정에서 고정된 정체성을 유지할 수 없기 때문에
제법무아이고 제행무상인 것이다. 따라서 우주 내에서는 어
떠한 것도 변하지 않고 고정된 채 존재할 수 없다. 이러한 법
칙 때문에 『금강경』에서 이르기를 "아누다라삼먁삼보리(위없이
바른 평등과 바른 깨달음)라 할 정한바 법이 없사오며 또한 여래께
서 가히 설하신 정한 법도 없사옵니다."라고 했다. 이러한 연
기적 변화의 이법은 결국 변하지 않는 것이 없다는 것이 변
하지 않는 이법에 해당한다. 이와 같이 연기적 세계에서는
불변성을 나타내는 절대성이나 영원성 등이 일체 허용되지
않는다.

모든 사물이나 현상 및 법은 시공간에 따라 변화하는 이법을 경험에서 터득할 수 있음을 석가모니 부처님이 "법은 현실에서 사실로 경험된다는 것이며, 법은 어느 시대에나 적용 될 수 있는 것이며, 법은 누구라도 와서 보라고 말할 수 있는 것이며, 열반으로 잘 인도하는 것이며, 지혜에 의해 스스로 경험될 수 있는 것이라고 말하는 것이다."라고 강조했다.

그리고 『맛지마 니까야』에서는 "오직 전해 내려오는 말만을 듣고 '이것만이 진리요 그 밖의 것은 모두 거짓이다'라고 말하는 것이니, 이는 장님들이 줄에 묶여 늘어서 있는 것과 같으니라. … 자신들만이 옳다고 말하는 것은 다른 사람의 입장에서는 옳다고 말할 수 없느니라."고 했으며, 또한 "사람들은 저마다 어떤 믿음을 가지고 있느니라. '이것이 나의 믿음이다'라고 말하는 한계 안에서 자신의 믿음을 보호할 수 있는 것이다. 그렇지만 '이것만이 유일한 진리요, 그 밖의 것은 모두 거짓이다'라는 필연적인 결론에 도달할 수 없느니라."라고 했다.

이런 관점에서 『중아함경』에서 "풍문이나 전설이나 소문에 잘못 이끌리지 마시오. 어떤 종교의 성전에 있는 말이라고 해서 무조건 이끌리지 마시오. 논리나 추리에 불과한 말에 이끌리지마시오. 검증되지 않은 논리의 전제에 이끌리지 말고, 어떤 이론이 사람들의 지지를 받는다고 무조건 따르지 말고, 어떤 가르침이 남들의 비난을 받는다고 무조건 배척하지도 마시오. 어떤 사람이 그럴듯해 보인다고 해서 그 사람에게 이끌리지 말고, 사람들로부터 존경 받고 있는 사람이 주장했다고 해서 그 말에 현혹되지 마시오."라고 했으며 "또한 내 말에 대해서도 마찬가지요. 나에 대한 존경 때문이 아니라 내 말에 대해서도 면밀히 검토해 보고 나서 옳다고 생각되거든 받아들여야 할 것이오."라고 하면서 객관적인 보편타당한 연기적 변화의 진리를 강조했다. 어떠한 주장이나 이론 및 관습과 전통은 시대에 따라 변하는 것이 연기적 세계의 특징이다.

한편 데리다는 항상 변화하는 열린 세계, 열린 사고, 열린 사상, 열린 주의 등을 대상으로 한다.[55] 이들은 오해의 법칙(성공적 의사소통은 언제나 다른 실패의 가능성을 포함한다. 타협도 다시 새로운 타협을 낳는다)에 따라서 교정된 것이 아니라 언제나 성공에는 실패의 가능성이 내포되는 연기법에 의존한다.

불교계에서는 오래 전부터 내려오는 관습과 전통을 고수하

55 『How to read 데리다』 : 페넬로페 도이처 지음, 변성찬 옮김, 웅진, 2007, 102쪽

려는 경향이 짙다. 이런 행위는 변화하는 연기적 이법에 위배되는 것으로 자칫하면 스스로의 몰락을 초래할 수도 있다. 왜냐하면 오래된 관습과 전통이 변화하는 현실과 괴리됨으로써 내용과 실제가 일치하지 않기 때문이다.

1 7 ❖ 연기와 우연성

일반적으로 우리는 필연성을 선호한다. 왜냐하면 필연성은 분명한 원인과 결과를 제공해 주기 때문이다. 그러나 실제 생활에서는 필연성보다 우연성이 더 많이 나타난다.

『밀린다왕문경』에서 나가세나 존자는 밀린다왕에게 "그러므로 업의 결과로 생기는 것은 적고 우연히 생기는 것이 더 많습니다. 잘 알지도 못하면서 모든 것은 업의 결과로 생긴다고 하면 그것은 어리석은 말입니다. 사람은 누구나 업에 의하여 고통 받으며 업 이외에 고통을 일으키는 원인은 없다는 말은 잘못입니다."라고 했다. 여기서 업이란 몸·입·뜻으로 짓는 행위 일체를 뜻한다. 산길을 지나다가 위쪽에서 굴러 떨어진

돌에 머리를 다치는 경우는 자신의 필연적인 업에 의한 것이 아니라 우연적인 사고이다.

일반적으로 각 개체는 다른 구성원들 및 자연 사이에 복잡한 연기적 관계를 이루고 있다. 따라서 어떤 것을 미리 정확히 예측할 수 없으므로 주로 우연성을 띠고 일어난다. 따라서 연기관계는 우연성을 특징으로 한다. 그러므로 모든 것이 일정한 업의 결과로 생기는 것보다는 우연으로 생기는 것이 많다. 그리고 복잡한 연기적 세계에서는 업에 따른 필연적인 과보라고 보는 필연성이 부정된다. 이런 점에서 연기적 관계는 현실적인 것이지 미리 예정된 내세적인 것이 아니며 또한 어떠한 절대자의 의지에 의해 결정 지워지므로 인간의 의지가 무능해지는 허무적인 것도 아니다.

인연관계에서는 인이 연을 잘못 만나면 원하는 과를 이루지 못한다. 또한 인과법칙에서는 인이 연을 잘 만나 반드시 그에 상응하는 과가 반드시 생긴다는 것이다. 예를 들면 콩 심은 데 콩 난다는 것이다. 그러나 이러한 인과법칙이 반드시 성립하지는 않는다. 왜냐하면 비가 충분히 오지 않거나 또는 병충해가 심하면 싹이 생기지 않아 콩이 나오지 않을 수도 있기 때문이다. 일반적으로 복잡한 연기관계에서는 인이나 과가 복잡한 연기적 성질을 띠므로 인에 상응하는 과가 반드시 발생되기가 어렵다.

슈테판 클라인은 "자연 법칙, 우연, 인간 행동의 복잡성은 유일신 혹은 다수의 신 앞에서 후퇴한다. 그리하여 인간 삶의 이해할 수 없는 일조차 더 높은 계획의 시각에서 그 의미를 획득한다. 대부분의 종교는 우연을 우주의 법칙을 인식할 수 없는 인간이 갖는 환상일 따름이라고 여긴다."[56]라고 했다. 불교를 제외한 모든 종교에서는 유일신의 절대적 의지에 의해 세계가 이루어졌기 때문에 성서의 내용은 절대적인 신비적 이야기로 엮어진 것에 불과하다. 따라서 이들 종교에서는 자연 법칙이나 우연성, 인간의 의지적 활동 등이 허용되지 않는다. 그리고 자연에서 일어나는 우연성은 절대자의 필연적인 우주 법칙을 이해할 수 없는 인간의 환상에 불과하다고 본다.

다윈은 자연의 다양성을 우연으로 설명한다. 어떤 생물도, 인간의 어떤 특성도, 계획에 따른 것은 없다. 진화가 무슨 일을 불러왔건 간에 목표도 없었으며, 최선의 해결책을 찾겠다는 야망 같은 것은 더더욱 없었다. 중요한건 그저 살아남는 것

---

56 『우연의 법칙』: 슈테판 클라인 지음/유영미 옮김, 2010, 244쪽

이었다.[57]

연기의 세계에서는 미래를 예측하는 것이 아니라 미래를 만들어 간다. 이 세상에서 발생 가능한 사건은 언제나 일어나며, 사건의 대부분은 우연적이므로 예측이 어려울 뿐이다. 프랑스 미생물학자 루이파스퇴르는 "우연은 준비가 잘된 사람에게 행운을 선사한다."라고 했다.

한편 스피노자는 "우리가 오직 개물의 본질에만 주의할 경우, 개물의 존재를 필연적으로 정립하거나 필연적으로 배제하는 어떤 것도 발견하지 않는 한 나는 개물을 우연적이라고 한다."[58]라고 했다. 즉 사물의 존재는 연기적으로 우연성을 따르며 절대 신에 의한 필연성이 아니라는 것이다.

불교는 연기법을 근본으로 함으로 다양한 연기관계에서 일어나는 우연성과 불확실성이 수용된다. 따라서 불교는 미래를 예측하는 것이 아니라 미래를 만들어 가는 종교이다. 필연은 인간을 우월하게 만들지만 우연은 인간을 겸손하게 한다.

---

57 『우연의 법칙』: 슈테판 클라인 지음/유영미 옮김, 2010, 119쪽
58 『에티카』: 스피노자, 강경계 옮김, 서광사, 2012, 246쪽

18 ✤ 연기와 불확실성

　우리는 가정이나 사회에서 확실성보다는 불확실성을 많이 경험한다. 이것은 구성원들 사이의 연기적 관계가 복잡하기 때문이다. 일반적으로 두 개체 사이에서 일어나는 일은 대체로 확실성을 가지고 짐작할 수 있다. 그러나 개체가 많은 집단에서는 어떤 것이든 확실성을 가지고 이야기하기가 어려워진다. 예컨대 집단에서 각 개체는 모든 구성원으로부터 연기적 영향을 연속적으로 받기 때문에 총체적으로 연기의 영향을 미리 예측할 수 없고 또 그 영향의 규모도 추정할 수 없게 된다. 따라서 다양한 사물로 이루어진 연기적 세계에서는 정밀성이나 정확성 및 완전성 등을 기대하기란 불가능하다.

그러나 종교적 신앙에서는 확실성을 전제로 한다. 그렇지 않으면 신앙이란 믿음 자체가 성립하지 않는다. 신앙이란 어디까지나 개인적인 것이지 다수성에 따른 연기적인 논리적 산물이 아니기 때문이다.

연기적 세계에서 만물은 무자성으로 무아이며 무상이다. 따라서 만물이 동시에 연속적으로 변화하는 세계에서는 과거를 확실하게 알 수 없으며 미래 또한 확실하지 않다. 결국 연기적 관계에서 만물의 진화의 역사는 항상 불확실성을 내포하게 된다. 인생에서 한치 앞을 알 수 없다는 것도 연기적 진화의 불확실성을 두고 하는 말이다. 인간계나 자연계에서 불확실한 무질서 속에 진정한 연기적 진리가 내재하는 법이다.

물리적 세계에서는 하이젠베르크의 불확정성원리가 만족된다. 예를 들면 위치를 정확히 알려고 하면 속도(운동량)를 정확히 알 수 없고, 속도를 정확히 알려고 하면 위치를 정확히 모르게 된다. 즉 위치와 속도를 동시에 정확히 아는 것이 불가능하다. 이러한 불확실성은 자연의 속성으로 자연의 만물은 이런 속성을 근거로 하여 진화한다. 불확실성이 성립하는 곳에서는 일반적으로 비인과율이 적용된다.

화이트헤드는 "인간 지성의 한계에 서 있다는 안타까운 감정 없이 시간과 자연의 창조적 추이의 신비를 명상한다는 것은 불가능하다."라고 했다. 이것은 우리의 인식이 시간과 공간적으로 제한된 정보를 통해 이루어지므로 자연에 대한 우리의 사고는 항상 불확실성과 모순성을 내포하고 있음을 의미한다.

그리고 하이젠베르크는 "우리가 관찰하고 있는 것은 자연 그 자체가 아니라 우리의 질문방식에서 드러난 자연이다. 삶의 조화에 대한 추구에서 삶이라는 연극 중의 우리는 관객이자 동시에 배우라는 사실을 결코 잊어서는 안 된다."라고 했다. 우리는 자연에 대해 질문을 던지고 그리고 스스로 답을 찾는다. 이것은 바로 관객인 동시에 배우에 해당한다. 따라서 주관적 해석에는 당연히 불확실성이 내재하기 마련이다.

특히 과학의 주제가 확대됨에 따라 우주와 과학의 연기적 관련성은 축소되어 간다. 왜냐하면 과학은 보다 엄밀하게 정의되는 환경(관련되는 추상성을 중시하는)을 전제로 함으로 주제가 확대될수록 세분화되어 오히려 전체를 종합 통일시키는 시스템적인 전일적 사상이 결여되기 때문이다.

1 9 ❖ 연기와 최소작용의 원리

　상호간에 유위적 조작이 있는 주고받음의 관계를 유위적
연기라 하고, 아무런 유위적 조작이 없는 주고받음의 관계를
무위적 연기라고 한다. 자연은 무위적 연기관계를 따르지만
인간은 아집과 법집 때문에 주로 조작된 유위적 연기관계를
이어간다. 이것은 자연이 연기법을 무위적으로 따르고 있음
을 뜻한다. 이에 비해 인간은 조작된 유위법을 따른다.

　일반적으로 무위적 연기관계는 항상 에너지가 가장 낮은
상태에 머물고, 외부 영향에 대해 최소 에너지로 반응한다. 이
를 최소작용의 원리라 한다. 비가 오면 산위의 물은 가장 낮은
아래로 흘러내려온다. 이것은 아래쪽이 가장 낮은 에너지 상
태이기 때문이다. 바람이 불면 나뭇잎이 흔들린다. 이때 나뭇

잎은 바람의 힘이 미치는 만큼 움직인다. 따라서 잎은 외부 힘에 대해서 최소로 반응하게 된다. 이처럼 에너지가 최소로 소모되는 원리는 만물이 안정성을 이루어가는 진화의 원리이다.

자연의 만물은 무위적으로 최소작용의 원리를 따른다. 예를 들어 흘러가는 물은 항상 가장 에너지가 적게 드는 길을 따라서 이동하며 최소작용의 원리를 만족한다. 그래서 강물은 직선의 길을 따르지 않고 마치 뱀처럼 굴곡이 있는 자연스러운 흐름의 길을 따라가게 된다. 그러나 인간은 자유의지에 따른 조작된 유의적 행으로 인해 최소작용의 원리를 잘 따르지 않고 이기적이고 소유적인 방향으로 행동함으로써 무위적 연기법을 따르지 않는다. 오히려 행복과 편익 추구를 위해서는 에너지를 최대로 소모하게 된다. 이러한 에너지는 자연으로부터 얻는 것이므로 결국 자연이 훼손되고 파괴되는 것은 지극히 당연한 결과이다.

인간이 자유의지를 중시한다는 것은 곧 자아의 존재를 찾는 것으로 무아를 근본으로 하는 연기법 즉 자연의 이법에 어긋나는 행위를 유발하게 된다. 인간이 에너지를 많이 쓸수록 자연은 에너지 순환의 균형을 잃게 되며 이에 따른 피해는 고스란히 인간이 되돌려 받게 된다. 즉 자연이 불안정한 상태에서 다시 안정된 에너지 평형 상태로 이행해 가는 과정에서 나타나는 여러 가지 영향에 의해 인간은 커다란 피해를 입기 마련이다.

『금강경』은 '공동체가 어떻게 해야만 사상(四相)을 여의며 올바른 삶을 살아갈 수 있는가'를 보여 주는 대중 집단의 올바른 연기적 삶의 과정을 보여주는 경전이다. 즉 『금강경』은 무위적 연기를 나타내 보이는 경전이며, 『반야심경』은 연기공을 강조한 연기 본체의 경전이다. 이들은 모두 무위적 연기관계를 통해서 최소작용의 원리를 따르는 경전이다. 실제 생활에서 최소작용의 원리를 따르는 것은 '가능한 적게 가지고 불편함'을 인욕바라밀로 이겨내는 것이다. 참고 인내하는 인욕바라밀은 먼저 '자신을 내려놓음'으로써 에너지가 가장 적게 드는 수단이다. 즉 자신을 가능한 항상 최소 에너지 상태에 두도록 해야 한다.

스피노자는 "인간이 자연의 일부가 아니라는 것은 불가능하며, 또한 인간이 오로지 자기의 본성에 의해서만 이해될 수 있는 변화, 곧 자신이 타당한 원인이 될 만한 변화만을 받아들인다는 것은 불가능하다."[59]라고 하면서 "인간은 … 자연의 공통된 질서를 따르고 그것에 복종하며, 사물의 본성이 요구

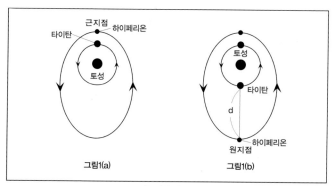

근지점　하이페리온

타이탄

토성

그림1(a)

토성

타이탄

d

하이페리온

원지점

그림1(b)

[그림1] 섭동

하는 것만큼 그것에 적응한다."[60]라고 했다. 이것은 인간이 근
본적으로는 자연과 더불어 가능한 최소작용의 원리를 따르는
무위적 연기법을 이루어 가야함을 뜻한다.

　천체의 경우에 최소작용의 원리를 만족하는 한 실례를 살
펴보자.

　토성 주위를 원궤도로 도는 질량이 큰 타이탄 위성 바깥에
질량이 매우 작은 하이페리온 위성이 타원 궤도로 돌고 있다.
이 위성의 질량은 타이탄의 1/1000로 아주 작다. 타이탄이 토

59 『에티카』: 스피노자, 강경계 옮김, 서광사, 2012, 250쪽
60 『에티카』: 스피노자, 강경계 옮김, 서광사, 2012, 251쪽

성 주위를 4바퀴 돌 때 하이페리온은 3바퀴 돈다. 두 위성은 토성의 인력에 끌려 토성 주위를 돌지만 하이페리온은 타이탄의 강한 섭동을 받으면서 공전한다.

예를 들어 [그림1(a)]에서 하이페리온이 타이탄과 가장 가까이서 만나는 근지점에 두었다고 하자. 이때 하이페리온은 타이탄으로부터 가장 강한 섭동을 받기 때문에 궤도운동이 가장 불안정해진다. 그러면 하이페리온은 타이탄으로부터 섭동을 가장 적게 받는 쪽으로 움직이며 궤도를 조정해 간다. 여기서 가장 안정된 궤도운동을 하는 지름길은 하이페리온이 타이탄과 만나는 거리를 최대로 하여 섭동 효과를 최소화하는 것이다. 이러한 과정을 거쳐서 나타난 결과는 [그림1(b)]처럼 두 위성이 만나는 거리는 하이페리온이 원지점에서 타이탄을 만나는 거리 d보다 항상 멀다. 이러한 현상이 자연에서 일어나는 최소작용의 원리다. 즉 외부 섭동에 대해 최소 에너지로 대응하면서 가장 안정된 운동 상태를 유지하는 것이다.

20 ✦ 연기와 삼학

계·정·혜 삼학은 연기법을 따르는 자연 만물의 존재의 이법으로서 연기적 관계에서 일어나는 최소작용의 원리에 해당한다. 여기서 계(戒)와 혜(慧)는 외부 영향에 대해 최소 에너지로 반응하는 것이며, 정(定)은 안정된 최소 에너지 상태에 머물려는 것이다. 삼학의 구체적 수행으로 팔정도를 든다. 이중에서 정어(正語-바른 말), 정행(正行-바른 생활), 정명(正命-바름 행위)은 계에 해당하며, 정념(正念-바른 집중 또는 마음챙김), 정정(正定-바른 선정), 정정진(正精進-바른 정진)은 정에, 그리고 정견(正見-바른 견해)과 정사유(正思惟-바른 사유)는 혜에 해당한다.

무위적 연기과정을 따르는 자연은 최소작용의 원리를 잘

따르지만 인간은 지성에 따른 이기적인 자유의지(유위적 연기과정)를 행사함으로써 최소작용의 원리를 잘 만족하지 못하기 때문에 삼학의 실천이 강조된다. 결국 아집과 법집 때문에 탐·진·치에 따라 삼학이 잘 지켜지지 않으므로 수행이 필요한 것이다.

삼학에서 계가 가장 앞에 나오는 것은 계율이나 규칙, 질서 등이 반드시 잘 지켜져야 한다는 것이다. 그렇지 않으면 정과 혜는 저절로 지켜지지 못하게 된다. 그리고 계와 정을 잘 지켜도 바른 지혜가 없다면 삼학은 이루어지지 못한다. 또한 정에서 안정된 상태에 이르지 못하면 역시 삼학이 잘 지켜지지 못하게 된다. 따라서 계·정·혜 중에서 어느 하나 중요하지 않은 것이 없다. 이러한 삼학은 최소작용의 원리를 따르는 연기법의 필수적인 수행 방도이다.

『장아함경』에서 석가모니 부처님이

"나는 오직 선도(善道)를 찾고자
내 나이 스물아홉 살에 출가하여
이미 쉰 한 해가 되었지만
그간 깊이 홀로 생각해 온 것은

다만 계 · 정 · 혜의 실천이었다.

이 세 가지 실천하는 것을 떠나서

그 어디에도 수행자의 길은 없었느니라."

라고 했다. 이만큼 삼학은 연기적 삶의 과정에서 가장 중요한
수행 방법인 것이다.

삼학의 철학적 의미를 살펴보면 계는 윤리와 도덕적 행위로
서 실천적 문제이며, 정은 무위적 상태를 지향하는 것으로 계
와 더불어 인간학적 문제에 해당한다. 그리고 혜는 우주의 본
질을 규명하는 것으로 존재론적 문제로 자연계에 연관된다.

이러한 사상은 결국 『실천이성비판』에서 "조용히 깊이 생
각하면 생각할수록 더욱더 언제나 새롭고 그리고 고조되는
감탄과 숭엄한 감정으로 마음을 채우는 것이 둘이 있다. 그것
은 내 위에 있는 별이 빛나는 하늘과 내 안에 있는 도덕률이
다."라고 말한 칸트와 "만약 백성을 얻는 도리만 이해하고 하
늘의 도(道)를 얻지 못하면 곧 백성의 도리 역시 거기에 있는
것이 아니다. 궁극에 이르러서는 이치는 오직 하나이다. 요컨
대 모두 두루 보아야 비로소 얻는다."[61]라는 주희(朱熹)의 인간
과 자연의 합일사상에 관련된다. 그리고 『노자』 제25장에서

"사람은 땅을 본받고, 땅은 하늘을 본받고, 하늘은 도를 본받고, 도는 자연을 본받는다."라고 하면서 궁극적으로 사람은 자연과 하늘의 도리를 본받아야 함을 강조하고 있다.

이러한 무위적 천인합일 사상에 이르기 위해서는 우주 만물이 어떻게 최소작용의 원리에 따라서 삼학을 잘 이루어 가야 하는가를 올바르게 이해하고 실천해야 할 것이다. 우주 만유는 무질서한 것 같으면서도 일정한 질서를 따르며, 고요한 듯하면서도 끊임없이 움직이고, 생멸이 무질서 해보이지만 그 속에는 정연한 생사의 연기적 이법이 내재한다.

---

61 『주희의 철학』 : 진래, 이종란 외 옮김, 예문서원, 2002, 97쪽

2 1 ❖ 연기와 사성제

고 · 집 · 멸 · 도 사성제는 연기법을 따르는 자연의 존재이법이다. 이것을 인간계와 자연계에 대해 살펴보면 다음과 같다.

사성제	인간계	자연계
고(苦)	고통	불안정한 사건
집(集)	고통의 원인	사건의 축적
멸(滅)	고의 원인 제거	기존 질서의 소멸
도(道)	고를 없애는 방도	새로운 질서의 창출

인간계의 경우와 달리 무위적으로 연기관계를 이어가는 자연계의 사성제에서 고는 연기적 관계에서 일어나는 불안정한

사건이며, 집은 이러한 사건의 축적이며, 멸은 불안정한 사건의 축적으로 기존의 질서가 사라지는 것이며, 도는 주로 혼돈과정을 통한 새로운 질서의 창출이나 창생이다. 자연 만물은 무위적으로 이러한 사성제를 잘 따르면서 진화하고 있다.

예를 들면 거대한 차가운 성운이 불안정한 상태에서 중심부로 서서히 중력수축하다가 어느 단계에 이르면 혼돈 상태에서 급격한 빠른 수축인 중력붕괴가 발생한다. 그러면 중심부의 온도가 천만도 이상 상승하면서 4개의 수소핵이 모여 하나의 헬륨핵을 만드는 수소핵 융합반응의 발생으로 막대한 복사에너지의 방출로 빛을 내는 별로서 탄생된다. 결국 별의 탄생은 자연의 사성제를 거쳐서 이루어지는 셈이다.

인간의 사성제에서 고는 고통이며 이것은 연기적 관계에서 생기는 것이다. 집은 고통의 원인이다. 자연은 외부 변화에 대해 무위적으로 수용 적응하지만 인간은 지성에 따른 자유의지로 유위적 행을 일으키기 때문에 다양한 고의 원인을 만들어 낸다. 멸은 열반에 들기 위해 고의 원인을 없애는 것이다. 도는 고의 원인을 없애는 방도이다. 즉 삼독이나 사상(四相)을 여의고 열반에 이르도록 삼학의 팔정도 수행을 강조한 것이 도이다. 인간의 사성제는 주로 개인적인 것에 국한된다. 그러나 집단에서는 자연 만물의 사성제처럼 연기적 세계에서 삶의 가치와 존재가치의 실현이라는 새로운 질서의 창출이 목적이 되어야 할 것이다.

일반적으로 불교에서는 고 즉 고통을 매우 중시한다. 물론 인생이 고통과 번뇌의 연속이라고는 하지만 항상 고통스럽다면 이것은 고통이 아니라 오히려 평상심을 지닌 여여함이다. 사람들은 누구나 정신적이든 물질적이든 고통스러운 경험을 지닌다. 그러나 이런 고통도 아주 오래 지속되는 것은 아니다. 왜냐하면 스스로 노력하여 고통이나 번뇌를 해소하기 때문이다. 그렇다면 반드시 고통을 강조할 필요가 있겠는가? 고통을 이야기함으로써 청자들로 하여금 오히려 마음을 혼란스럽게 만드는 효과가 있다. 이런 관점에서 대만의 남회근 국사가 "종교라는 게 사실은 번뇌를 찾고 있는 것이다."[62]라는 말에 수긍이 간다. 번뇌가 번뇌를 일으키게 한다면 이것은 올바른 종교가 아니다.

---

62 『원각경 강의』: 남회근, 송찬문 옮김, 마하연, 2012, 462쪽

고통과 즐거움은 동전의 양면과 같은 것이므로 고통 대신에 즐거움을 이야기하는 것이 더 유쾌한 기분을 느끼도록 할수 있지 않겠는가? 결국 사성제의 강조는 인간의 나약성을 강조함으로써 혼란스러운 느낌을 가지도록 하는 경향이 있다. 따라서 괴로움의 굴레에서 허덕이는 것보다는 자연의 사성제처럼 항상 새로운 질서를 창출할 수 있도록 하는 것이 더 효과적인 사성제의 설명이 아닐까?

   『쌍윳따 니까야』에서 이르기를 "마음을 혼란스럽게 하는 것을 가지고 있으면 윤회하게 되고, 그런 것이 없으면 윤회하지 않느니라. … 이 몸을 버리고 다른 몸으로 태어나는 경우에는 집착이 기름이 된다고 말할 수 있다. 정말로 집착은 윤회에 있어서 기름이니라."라고 했다. 따라서 고통이나 번뇌에 대한 집착이 없다면 청정한 마음을 지닐 수 있으므로 윤회도 없게될 것이다. 실은 고통이나 번뇌에도 진리가 내재함으로 이들을 나쁘게 보고 피해갈 필요는 없다.

   스위스 사상가 칼 힐터는 "위대한 사상은 반드시 커다란 고통이라는 밭을 갈아서 이루어 진다. 갈지 않고 둔 밭에서는 잡초만 무성할 뿐이다. 사람도 고통을 겪지 않고서는 언제까지나 평범하고 천박함을 면치 못한다. 모든 고난은 차라리 인

생의 벗이다."라고 했다. 여기서 고통은 번뇌의 집착에 따른 것이 아니라 진취적인 발전적 과정에서 나타나는 인내를 뜻한다.

2 2 ❖ 연기와 사상

　『금강경』의 〈정신희유분〉에서 이르기를 "수보리야, 여래는 이 모든 중생들이 이와 같이 한량없는 복덕을 얻는 것을 다 알며 다 보느니라. 어찌한 까닭이냐? 이 모든 중생은 아상도 없으며 인상, 중생상, 수자상도 없으며 법상도 없으며 또한 법 아닌 상도 없기 때문이니라. 어찌한 까닭인가 하면 이 모든 중생들이 만약 마음에 상을 취하면 곧 아상과 인상과 중생상과 수자상에 집착함이 되며, 만약 법상을 취하더라도 곧 아상과 인상, 중생상, 수자상에 집착함이 되느니라. 어찌한 까닭이냐? 만약 법 아닌 상을 취하더라도 이는 곧 아상과 인상, 중생상, 수자성에 집착함이 되느니라. 이런 까닭으로 마땅히 법을 취하지 말아야 하며 마땅히 법 아님도 취하지 말아야 하느니라."라고 했다. 결국 어떤 상이든 상을 여의는 것이 바른 불법의 따름이다.

아상, 인상, 중생상, 수자상의 사상(四相) 중에서 아상(我相-주체적 앎과 느낌, 주관적 자기중심주의)과 인상(人相-상대적 자만심이나 대립적인 자기우월주의)은 타자와 연기관계를 원만하게 이루지 못하기 때문에 자만심이나 증상만을 일으키게 된다. 인간이 만물의 영장이라고 하는 것은 인간이 자연의 만물보다 우월하다는 생각에서 나오는 인상에 따른 것으로 인간중심적 사상이다.

한편 생(生)과 사(死)는 인연화합에 따라 그 존재 모습이 달라질 뿐이지 근본적으로는 같은 것이다. 그런데 생사를 분별하면서 생에 대한 지나친 애착을 가진다. 그래서 사후에 자신의 영혼(識)의 존재를 믿으며 좋은 곳에 다시 태어나기를 바라는 수자상(壽者相)을 가지게 된다. 결국 삶과 죽음은 형태가 다를 뿐이지 근본은 같은 것으로서 모두 불성을 지니고 있다. 그런데 삶을 중시하고 죽음을 두려워하므로 사후에도 생전과 같은 자신의 정체성에 집착하는 우를 범하게 된다. 결국 만물이 무아인데 이를 거부하고 아(我)의 존재가 영원하기를 바라는 것이다.

117

중생상(衆生相)은 자신이 타자와 어떠한 연기관계를 이루고 있는지를 모르는 무지(無知) 때문에 자신의 본분을 모른 채 대중이나 사물 또는 주의(主義)나 주장에 쉽게 휩쓸리는 것으로 외물에 집착하는 법집에 해당한다.

수전 블랙모어의 밈[63]은 일종의 중생상에 연관된 정보 전달체이다. 불교에서는 이타적 밈이 바람직하다. 이러한 밈에는 3가지 필수 조건이 있다. 즉 행동의 형태와 세부 사항이 복사되는 유전과 실수나 꾸밈 같은 변화를 덧붙인 채 복사되는 변이 그리고 모든 행동이 아니라 일부만이 성공리에 복사되는 선택이다. 상호 이득을 꾀하면서 하나로 뭉친 밈들의 집합체인 밈 플렉스의 역할이 종교에서 매우 중요하다. 왜냐하면 이를 통해 공통된 중생상이 강화되므로 교세가 확장될 수 있기 때문이다.

아상, 인상, 수자상은 자아에 집착하는 아집에 해당하며, 인상, 중생상, 수자상은 궁극적으로 아상에 연관된다. 아상, 인상, 수자상, 중생상 등 사상의 여읨은 유위적 조작이 없는 무위적 연기를 뜻한다. 이런 관점에서 『반야심경』이 연기공을

---

63 『밈』: 수전 블랙모어, 김명남 옮김, 바다출판사, 2010

설명한 연기의 본체적 경이라면, 『금강경』은 사상을 여의는 무위적 연기의 방편적 경이라고 볼 수 있다. 사상의 여읨은 비단 종교적 생활에서 뿐만 아니라 모든 학문 분야에서도 이루어져야 한다.

이런 관점에서 소천(韶天)선사가 "『금강경』은 일체 종교, 철학, 도덕, 정치, 경제, 예술, 일체 사농공상(士農工商) 등 모든 문물, 과학의 경전인 것이다. 만일 불교인으로 『금강경』은 불교의 경전만으로 안다면 이는 불교를 바로 알지 못하는 박지(薄智)인 것이다."[64]라고 했다.

『법화경』에서 석가모니 부처님은 "내가 본래 세운 서원이 일체 중생으로 하여금 나와 같이 평등하여 다름이 없게 하려 함이다."라고 했다. 부처님은 비록 남을 제도한다고 해도 자신이 남보다 더 높다는 아상이나 인상이 없이 모든 중생이 평등해야 한다는 것을 서원으로 삼았다는 것이다. 붓다의 불교에서는 이처럼 평등성을 근본으로 한다.

---

64 『소천선사문집II』 : 소천선사문집간행위원회, 불광출판부, 1993, 480쪽

2 3 ❖ 연기의 종류

연기의 종류에는 여러 가지가 있지만 여기서는 중요한 몇 가지만 살펴본다.

(1) 존재론적 연기

만물의 존재가치나 삶의 가치의 동등성을 추구하는 연기이다. 여기서는 만물의 공존 공생과 생명평등성을 중시한다. 이런 관점에서 불법의 연기는 존재론적 연기로서 인간과 자연의 연기관계에서는 인간이나 만물의 존재가치가 동등한 관계를 지니게 된다. 이를 '인간의 자연화' 또는 '자연의 인간화'라고 한다.

미국의 정신분석학자 에리히 프롬은 "무의식의 내용은 선도 악도 아니며, 이성적인 것도 비이성적인 것도 아니다. 그것은 양면을 다 가지고 있다. … 무의식이란 우주에 근원을 둔 보편적 인간 즉 전인(全人)을 의미한다. … 또한 인간이 자연화 되는 것과 마찬가지로 자연도 인간화 되는 그날을 나타내고 있다."라고 했다.

이러한 무위의 경지에서 인간이 자연과 하나 되는 선어를 살펴보면 "무엇이 옛 부처의 마음입니까?"라는 물음에 혜충 국사는 "담장의 기왓장과 조약돌이다"라고 했고, 천복승고 선사는 "여러분이 참구하며 배우는 마음과 수행하는 마음을 쉬도록 하려는 것이다. 마치 한 개의 돌덩이와 같아야 하며 또 불이 꺼진 식은 재와 같아야 한다."라고 했다.[65] 기왓장과 조약돌도 불성을 지닌 부처이고, 돌덩이도 역시 불성을 지닌 부처이니 어찌 이들이 우리와 다르겠는가? 우리와 함께 연기적 세계를 이루고 있는 이들을 분별함은 이미 불법을 떠난 것이다.

---

65 『직지, 길을 가리키다』: 이시우, 민족사 , 2013, 242쪽, 412쪽

(2) 소유론적 연기

소유론적 연기란 유위적인 비자연적 연기로써 물질적 소유와 타자를 지배하고자 하는 욕구를 지니는 연기이다. 이것이 일반적으로 자기중심적이고 경쟁적인 연기적 세계를 이루게 된다. 오늘날 자본주의 사회에서는 경쟁적인 소유론적 연기가 인간의 무위적 본성을 해치고 있다.

에리히 프롬는 『소유인가 존재인가』에서 소유자는 자기 자신이 의지대로 살고 있다고 믿으며, 그들의 의지 자체가 통제되고 조작된다는 사실을 모르고 있다고 했다. 그리고 소유양식 안에서 사람의 행복은 다른 사람에 대한 우위, 힘 그리고 결국엔 정복하고 빼앗고 죽이는 자기 능력에 달려 있는 반면에 존재 양식 안에서는 행복을 사랑하고 공유하고 주는 행동에 있다고 했다.[66] 결국 존재양식은 여기, 지금의 과정이 중요하며, 소유양식에서는 과거, 현재, 미래에 걸쳐 소모하는 탐욕에 사로잡힌 인간 노예에 불과하다.

---

66 『소유인가 존재인가』: 에리히 프롬, 심일섭 옮김, 도서출판 한글, 1999, 114쪽

(3) 의타적 연기

적극적인 상호 의존적 관계성이다. 타자에 의존하는 의타적 연기관계에서는 타자의 존재가치가 주체의 존재가치만큼 중요하다. 즉 자타의 중요성이 동등하다. 그런데 인간의 경우에는 우월적이거나 지배적인 의타적 연기관계를 이루어 가고 있다. 이 경우의 한 예를 살펴 보면 선가에서는 '가는 곳마다 주인공이 되며, 어디서나 모든 진리를 구현한다.' 또는 '어디서나 제 안의 주인공을 잃지 않으면 어디에 처하든 참되리라.' 라는 수처작주 입처개진(隨處作主 立處皆眞)을 중시한다. 이것은 주체의 자유자재함을 강조하는 것으로 자아를 인정함으로써 불법의 무아사상에 모순된다.

무아의 세계에서는 주인 또는 주인공이라는 특정한 자아의 자성이 존재할 수 없다. 그리고 주객의 상호 의존적인 연기법에 따르면 상호간에 어느 누가 주인이 되는 것이 아니라 주체와 객체는 언제 어디서나 서로 동등한 상의적 연기관계를 이루면서 진실한 법성을 달성하도록 함이 마땅하다. 왜냐하면 서로가 연기관계를 이어가면 자타가 동일해지는 원융무애한 상즉상입의 경지에 이르기 때문이다.

'수처작주 입처개진' 에 해당하는 뜻은 『증일아함경』에 있는 다음과 같은 내용에 해당한다고 볼 수 있다. "… 자신의 발로 세상에 우뚝 서서 자신의 삶을 살아가는데, 자신의 성품을 깨달아 본성에 맞게 살아간다. 그런 사람을 주체적 행동인이라 하겠다. 비구들이여, … 그 누구보다도 자신의 체험을 중시하고 붓다의 말이라고 해도 맹목적으로 추종하기를 거부하는 사람이 되어 주기를 바란다." 여기서 주체적 행동은 자유의지에 따라 행동하는 것이 아니라 자신의 본성에 알맞게 자신의 체험을 중시하면서 연기법을 따라서 살아가는 주체적 행동인을 뜻하는 것이지 결코 자기중심적인 의타적 연기의 주인공이 되라는 뜻은 아니다. 왜냐하면 연기적 세계에서는 주객불이이기 때문이다.

(4) 아뢰야식연기

아뢰야식에 저장된 정보에 의한 연기(대승적 견해)로서 주관과 객관의 일체가 모두 아뢰야식의 전변으로 나타난다는 연기이다. 일반적으로 객관적 대상과 무관하게 유심적인 마음(정신)과 마음 사이에서 일어나는 연기관계이다.

(5) 업감(業感)연기

세계의 여러 현상이 변화하는 모습은 중생의 업인에 의해서 생기는 것이라고 보는 연기로서 일체 만유는 유정의 업에 의해 생기는 연기이다. 즉 만상은 업의 연기적 유전(윤회)에 의해 이루지는 것이다.

(6) 유전연기와 환멸연기

유전(流轉)연기는 고락의 결과를 초래하는 연기이고, 환멸(還滅)연기는 수행을 통해 번뇌를 끊고 깨달음을 얻는 연기이다.

(7) 법계연기

우주 만유를 일대연기(一大緣起)로 보는 학설이다. 법계의 사물이 다양한 차이를 이루나 피차 서로 인과 관계를 가지며 어느 하나도 단독으로 존재하지 않는다. 따라서 만유는 모두 동등한 관계에 있으므로 중생, 불(佛), 번뇌, 보리, 생사, 열반 등은 대립이 아니라 동등하며 원융무애하다. 그래서 하나가 전체이고 전체가 하나 되는 일즉일체(一卽一切) 일체즉일(一切卽一)이 성립한다. 그리고 한 사물은 단독이 아니라 전 우주 만유와 연기적으로 연결되어 중중무진의 관계를 이루고 있기에 법계연기를 법계무진연기 또는 화엄연기라고도 한다.

현수법장에 의한 화엄법계에서 일어나는 화엄연기의 특징을 살펴보면 아래와 같다.[67]

① 연기는 개체의 특성을 지닌 다양성을 보인다. 이것은 연기의 다양성을 뜻한다.

② 연기는 널리 가득 차서 서로 도와준다. 이것은 상호 의존적 연기관계를 뜻한다.

③ 연기는 서로 조화롭게 일어난다. 이것은 연기는 평등성과 보편성을 지향한다는 것이다.

④ 연기는 현상적 구별성이나 본질적 동일성에 입각하여 상즉상입하고 원융무애하다. 이것은 연기법을 따르면 모두가 차별없이 본질적으로 동등해지는 상즉상입[서로가 연기관계를 이어가면(상즉) 하나가 전체이고 전체가 하나 되는 연기적 이법에 든다.(상입)]에 이른다는 뜻이다.

『화엄경』에서 이르기를 "보살이 연기법을 훌륭히 관한다면 하나의 법에서 무릇 많은 법을 깨달으며 그리고 무릇 많은 법에서 하나의 법을 완전히 깨달아낸다."라고 했다. 이것은 '하나가 전체이고, 전체가 하나'인 일즉다

---

67 『華嚴學體系(華嚴五敎章)』: 賢首法藏, 金無得 역주, 우리출판사, 1998, 287쪽

다즉일의 경지에 이름을 뜻한다.

이것은 의상 대사의 법성게 중에서 "하나 속에 일체 있고 일체 속에 하나 있어, 하나가 곧 일체이고 일체가 곧 하나이다. 한 개의 티끌 속에 우주가 포함되니, 일체의 티끌 속에서도 또한 그와 같다. 무한히 긴 한 겁이 한 찰나이고, 한 찰나가 다름 아닌 무한한 겁이다."라는 것과 같은 뜻이다.

⑤ 모든 연기는 서로 연관된 인드라망을 이룬다. 즉 우주 만물이 서로 얽매여 연기적 관계를 이루고 있다는 것이다.

이러한 화엄연기에서는 하나를 얻으면 전체를 얻고, 일체를 얻으면 하나를 얻는 것과 같다. 따라서 하나의 번뇌를 단멸하면 일체의 번뇌를 단멸하는 것이다. 또한 하나가 장애되면 일체가 장애에 이른다.

(8) 십현연기

화엄종에서 설하고 있는 사종법계 중에서 사사무애법계의 특징을 10가지 방면에서 설명하는 것이다. 이들 전체의 뜻을 간추려보면 다음과 같다.

① 만물은 끊임없는 상호 작용(연기관계)의 관계에 있다

② 이완상태에서는 상호작용으로 순수한 것과 순수하지 않은 것이 구별되지 않는다.

③ 이완상태에서 개체는 일정한 계(系)의 특성을 따르므로 전체는 개체를 규정하고 개체는 전체를 나타낸다. 그리고 각 개체는 동등한 상태에서 각자의 존재가치를 수행한다.

④ 이완계는 통계적 특성으로 계 전체를 규정한다. 여기서는 개체의 고유성의 상실로 무질서가 극에 이르나 이것이 곧 가장 조화로운 상태이다.

⑤ 각 개체의 유기적인 상의적 수수관계로 각 개체는 계라는 인드라망의 그물코에 놓여 있으면서 상호 작용한다.

⑥ 시간적 진화와 정보의 전달, 즉 과거, 현재, 미래의 10세[68]에 걸친 연기관계로 모두가 서로 얽혀 있다.

⑦ 모든 것은 하나의 고립계가 아니라 하나 이상이 모인 집합계를 구성하여 연기관계를 이룬다.

---

68 과거(과거의 과거, 과거의 현재, 과거의 미래), 현재(과거의 현재, 현재의 현재, 현재의 미래), 미래(미래의 과거, 미래의 현재, 미래의 미래), 절대 현재 등을 합하면 10세가 된다.

이상을 종합하면 만유는 고립계가 아니라 유기적으로 상호 연관된 서로 주고받음의 관계 즉 연기관계를 이루면서 개체의 자성이 상실된 무질서의 극치, 즉 이완상태에 놓여 있게 된다는 것을 알 수 있다. 이런 상태에서 만유는 동등하고 평등하다. 나아가 계 전체의 특성이 개체의 특성을 규정하고 그리고 개체는 계 전체의 특성을 만들어낸다. 이처럼 십현연기는 안정된 평형상태를 이루는 이완계의 세계를 잘 나타낸다.

2 4 ❖ 집단연기

『금강경』에서 "한때 부처님께서 사위국 기수급고독원에 계시사 대비구중 천이백오십 인과 더불어 함께하셨다. 그때는 공양하실 때라 큰 옷 입으시고 발우 가지시어 … 공양을 마친 뒤 의발을 거두시고 발을 씻으신 다음 자리를 펴고 앉으셨다." 라고 시작한다. 이러한 『금강경』은 집단연기의 대표적인 경전으로 집단의 원만한 연기관계를 이루기 위해서는 아상, 인상, 중생상, 수자상 등 사상의 여읨이 특별히 강조되고 있다.

집단이 연기적 관계를 통해서 개체의 정체성이 소멸되는 안정된 이완상태에 이르면 원만하고 거리낌 없이 원융무애하게 서로가 무아에 이르면서(상즉), 집단의 공통적 특성을 형성한다.(상입) 즉 서로가 연기적 이완관계로 무아에 이르면, 집단의 공통적 특성이나 이법(불법)에 든다는 상즉상입(相卽相入)이 이루어진다. 그리고 안정된 이완상태에서 무자성인 무아에 이르면(진공), 묘법인 이법(불법)에 들므로(묘유) 상즉상입이면 진공묘유(眞空妙有)에 이르게 된다. 이러한 이완상태에서 집단은 구성원 전체의 보편적 특성을 따르기 때문에 무위성을 지니며 또한 보편성과 평등성 및 이완성이 달성된다. 그러면 이러한 법계연기에서 구성원의 성격은 집단의 공통적인 고유의 특성에 의해 규정된다.

따라서 '하나가 전체이고 전체가 하나이다.'(一卽多 多卽一), 또는 '하나 속에 전체 있고 전체 속에 하나있다.'(一中多 多中一) 가 성립되면서 비선형적으로 자기조직화를 이루는 복잡계를 형성하게 된다. 그리고 구성원의 정체성 상실로 자타가 동일해지는 불일불이(不一不二)의 관계가 성립한다. 그러면 나의 괴로움이 남의 괴로움이 되므로 서로가 봉사하며 자비를 베풀게 된다. 이러한 사섭법(보시, 애어, 이행, 동사)을 따르는 동체대비의 사상은 연기집단의 특성이다.

만약 집단에서 어느 특정 개인에 의한 주의나 주장으로 집단 전체가 이끌려 간다면 그 집단에서는 공통된 집단의 고유한 특성이 성립되지 않게 된다. 그 결과 집단이 안정된 이완상

[그림2] 구상성단

[그림3] 산개성단

태에 이르지 못하게 된다. 그러면 집단은 불안정한 상태에 놓이게 되므로 자체의 불안정의 증가나 또는 다른 집단과 연기적 관계에서 발생하는 큰 영향을 받게 되면 그 집단은 쉽게 파괴될 위험성이 높아지게 된다.

예를 들어 수십만 내지 수백만 개의 별들로 구성된 구상성단[그림2]은 자체의 강력한 구속력 때문에 외부의 충격을 받아도 쉽게 집단이 불안정한 상태에 이르지 않고 안정한 상태를 유지하게 된다. 그 결과 구상성단은 안정된 상태로 오래 동안 존속할 수 있으므로 우리 은하계의 나이와 비슷한 나이를 가지게 된다. 그러나 수십 개 내지 수천 개의 별들로 이루어진 작은 산개성단[그림3]은 집단의 구성원 수가 적기 때문에 자체의 구속력이 매우 약하다. 그 결과 다른 천체의 집단으로부터 중력적으로 큰 섭동을 받게 되면 그 집단은 쉽게 파괴되어 별들이 사방으로 흩어진다. 실제로 밤하늘에 보이는 낱별들이[그림4] 과거에는 작은 성단을 이루고 있었지만 다른 큰 천체 집단의 중력적 섭동으로 파괴되어 사방으로 흩어진 별들이다.

이와 같이 일반적으로 집단의 안정성은 구성원의 수가 많

[그림4] 낱별

을수록 안정하다. 대기업이 중소기업보다 안정한 이유도 첫째는 대기업에 종사하는 구성원의 수가 많기 때문이다. 그러나 이러한 대기업도 집단의 구성원 사이의 조화로운 연속적 연기관계가 잘 이루어지지 못한다면 고유한 집단의 특성이 형성되지 못해 언젠가는 집단 전체가 불안정해 지면서 파괴될 수도 있다.

연기집단에서는 모든 구성원의 존재가치나 삶의 가치가 동등하다. 영국 철학자 스펜스는 "모든 인간이 자유를 찾을 때

[그림5] 충돌운하

까지는 아무도 완전한 자유를 얻을 수 없다. 모든 인간이 도덕적인 사람이 되기까지는 아무도 완전하게 도덕적일 수 없다. 모든 인간이 행복해지기 전에는 아무도 완전한 행복을 맛 볼 수 없는 것이다."라고 했다. 결국 연기집단 내에서 구성원의 정체성 상실로 자타가 동일해지는 불일불이(不一不二)의 관계가 성립함을 뜻한다.

이런 관점에서 구성원이 집단을 이끄는 것이 아니라 집단의 고유 특성이 구성원을 이끌어 간다. 마찬가지로 인간이 세상(환경)을 지배하고 이끄는 것이 아니라 연기적 세상(환경)이 인간을 지배하고 있다.

집단연기법의 바른 이해가 해오(解悟)이고, 철저한 지행(知行)으로 연기법 속에 녹아들어 무상(無相), 무아로 전체가 하나이고, 하나가 전체가 되는 상즉상입의 상태에 이름이 증오(증득된 깨달음)이다. 집단연기에서는 업을 짓는 자나 과보를 받는 자가 특별히 따로 있는 것이 아니라 모두가 업을 짓고 또 모두가 과보를 받는다.

집단연기에서 구성원들 사이의 연기적 충돌은 보편적 현상이다. 이런 과정을 통해서 파괴와 생성이 일어나며 발전한다. 예를 들면 은하들 사이의 충돌로 별의 생성이 촉진된다.[그림5]

인간 세계에서도 인간들 사이에 직접 충돌이나 조우가 잦기 때문에 쉽게 정체성의 소멸로 무아에 이르게 되면서 타자와 조화로운 원융한 관계를 이루게 된다.

일반적으로 집단에서 각 개체는 다른 모든 개체와 주고받음이 동시적으로 일어남으로 집단의 연기관계는 단순하지 않은 복잡계를 형성한다. 따라서 이러한 집단연기는 일반적으로 비선형적이고 비가역적이며 비결정론적이다. 따라서 미래의 정확한 예측이 불가능하다. 그러므로 불교는 미래를 예언하거나 예측하는 종교가 아니라 현실을 중시한다. 이런 관점에서 불법은 현실중심의 과정철학이다.

일반적으로 연기집단의 안정성은 이완시간에 의해 추정된다. 이완시간이란 한 집단이 불안정한 상태에서 안정된 상태로 돌아오는데 걸리는 시간으로 정의된다. 이완시간이 짧은 집단은 자체나 외부 영향에 의해 쉽게 불안정 상태에 놓이게 되므로 안정성이 낮고 이완시간이 길수록 집단의 안정성은 증가한다. 이완시간은 구성원들의 정체성이 소멸되는 시간에 연관되기도 한다.

구성원들 중에서 일부가 특이한 정체성을 나타낸다면 그 집단은 불안정한 상태에 놓이게 된다. 우리나라의 이완시간은 수일 내지 수주 정도로 매우 짧다. 그래서 어떠한 사건이 발생하면 마치 나라 전체가 불안해지는 것 같은 느낌을 받다가 다시 곧 조용해진다. 이런 현상이 생기는 가장 큰 원인은 인구수가 적기 때문에 나라 자체의 구속력이 약하기 때문이다.

2 5 ◈ 연기와 육상원융

집단의 역동적 연기관계에서는 모든 구성원 사이에 연속적인 에너지의 주고받음이 일어나면서 집단 전체가 가장 안정된 이완상태에 이르는 방향으로 진화한다. 이 과정에서 집단 전체를 총상(總相), 각 구성원을 별상(別相), 구성원의 고유 특성을 이상(異相), 구성원의 특성이 제대로 발휘되는 것을 괴상(壞相), 모든 구성원의 존재가치가 같아지는 것을 동상(同相), 연기집단이 안정된 이완상태에 이름을 성상(成相)이라 한다. 만물은 이러한 육상(六相)이 원만하게 만족되는 방향으로 진화하며 이런 원융한 세계가 화엄세계이다. 여기서는 이사무애(理事無礙-사물이나 현상이 이법에 갈림 없이 원융해가는 것)와 사사무애[69](事事無礙-사물과 사물 사이가 연기적 이법에 따라서 걸림 없이 원융해 가는 것)가

만족된다.

특히 사사무애가 만족되는 사사무애법계에 대한 현수법장의 십현문(十玄門) 또는 십현연기를 하나씩 살펴보면 다음과 같다.

첫째 동시구족상응문(同時具足相應門)은 현상계가 연기법에 따라 동시에 드러남을 뜻한다.

둘째 일다상용부동문(一多相容不同門)은 일즉다로서 하나가 곧 전체로서 하나를 보면 전체 를 알 수 있다는 것이다,

셋째 비밀은현구성문(秘密隱顯俱成門)은 현상계에는 항상 법성인 이법(연기법)이 내재한다는 것이다.

넷째 인드라망경계문(因陀羅網境界門)은 모든 현상이 연기적 관계로 서로 얽혀 거대한 그물망을 이룬다는 것이다.

다섯째 재장순잡구덕문(諸藏純雜具德門)은 하나의 현상에서 다른 현상의 연기적 관계를 알 수 있다는 것이다.

여섯째 제법상즉자재문(諸法相卽自在門)은 모든 현상계의 상즉상입 관계에서 하나를 보면 전체를 알 수 있다는 것이다.

일곱째 미세상용안립문(微細相容安立門)은 미세한 작은 것에도 연기법이 내재함으로 작은 것 속에 큰 것이, 큰 것 속에 작

---

69 사(事)는 사물의 뜻 외에 광의로 부처의 가르침, 진리, 지혜, 불국토, 불, 보살의 감응까지도 포함된다. (『테마 한국불교2』: 동국대학교출판부, 2014, 42쪽)

은 것이 내포한다는 것이다.(예 : 티끌 속에 우주가 들어있다.)

여덟째 십세격법이성문(十世隔法異成門)은 삼세에 걸쳐 현상
계에는 연기법이 존재한다는 것이다.

아홉째 유심회전선성문(由心廻轉善成門)은 모든 현상계는 여
래장(불성)의 연기적 이법에 따라서 생긴다는 것이다.

열째 탁사현법생해문(託事顯法生解門)은 연기적 현상계의 모
습에서 연기적 이법을 알 수 있다는 것이다.

이러한 사사무애법계를 이루는 법성이 행원의 수행으로 현
현하게 된다. 즉 사사무애법계는 해탈을 이룬 부처님이 가장
깊은 선정인 해인삼매에 들었을 때 드러나게 되는 경계라고 한
다.[70] 무위적인 연기적 진화에서는 사사무애한 육상원융의 화
엄법계를 이룰 수 있다. 그러나 인간계에서는 유위적 조작이
많기 때문에 사사무애한 육상원융이 잘 이루어지지 않는다.

일반적으로 집단적 연기과정은 육상이 원만하게 이루어지
는 방향으로 진화한다. 만약 이런 진화과정을 따르지 못하게
되면 그 집단은 자연도태로 사라지게 된다. 특히 구성원 각자

---

70 『불교사상사』; 양훼이난 지음, 원필성 옮김, 2010, 355쪽

의 소질과 재능을 충분히 발휘될 수 있도록 알맞은 자리에서 일을 수행하는 괴상이 잘 이루어지지 않으면 집단 구성원들의 재능이 충분히 발휘되지 못함으로써 그 집단은 성상을 이루지 못해 집단 전체가 불안정하게 된다. 그러면 자체의 불안정성이나 외부 영향에 의해 집단이 파괴되어 사리질 수 있다. 따라서 사사무애한 육상원융의 달성 여부는 진화론의 자연선택에 해당하는 것으로써 진화에 가장 적합한 군집이나 집단만이 생존할 수 있다는 것이 연기적 진화의 법칙이다.

불교에서 가장 중요한 것 중의 하나가 화엄세계에서 이루어지는 육상원융이다. 육상원융이 이루어지지 않으면 화엄세계가 달성되지 못한다. 이러한 집단연기의 특성을 다른 종교에서는 볼 수 없는 특별한 특징이다. 육상원융이란 비단 불교란 종교에 국한되는 것이 아니라 일반 집단에 그대로 적용되는 이법이다. 왜냐하면 육상원융은 일종의 질서체계의 존재와 안전성의 유지를 뜻하기 때문이다.

배르그송은 "요컨대 왜 사물 속에 무질서가 아니고 질서가 존재하는가를 아는 것이다. 질서는 존재한다. 그것은 하나의 사실이다. 그러나 다른 한편으로 우리에게 질서보다는 덜 존재하는 것처럼 보이는 무질서도 당연한 권리로 존재하는 것

같다."[71]라고 했다. 여기서 질서란 곧 육상원융 상태를 뜻하며 무질서란 육상원융이 이루어지기 전의 상태를 뜻한다. 그런데 실은 무질서 속에 질서가 존재함으로 무질서의 존재 권리는 당연히 수용되어야 한다.

육상원융의 예는 가정이나 학교, 회사, 기업, 국가 등 어떤 집단에도 그대로 적용될 수 있다. 이러한 육상원융이 만족되는 경우에는 상즉상입이 성립된다. 예컨대 한 가정에서 자식을 보면 가정을 알 수 있고 또 가정을 보면 식구 개인의 품행을 알 수 있다는 것이다. 다시 말하면 자식을 보면 부모를 보는 것 같고 또 가정을 보면 자식을 보는 것 같은 경우에 그 집안은 육상원융이 잘 이루어진 것이며, 이 경우에는 일즉다 다즉일이 성립한다.

별들의 세계에서는 육상원융이 잘 이루어지고 있다. 예를 들면 백만 개 정도의 별들로 이루어진 구상성단에서는 질량이 작은 별과 질량이 큰 별들 사이의 조우관계를 거치면서 가벼운 별들은 무거운 별들로부터 속도를 얻어 성단의 외곽으

---

71 『창조적 진화』: 앙리 베르그손, 황수영 옮김, 아카넷, 2008, 347쪽

로 치우쳐서 돌며, 무거운 별들은 속도를 잃기 때문에 인력에 끌려 성단의 중심부로 모여든다. 그래서 성단의 중심부에 모인 무거운 별들은 성단 전체를 구속하면서 성단의 안정성을 유지하는 역할을 하며 그리고 가벼운 별들은 성단 외곽으로 돌면서 성단의 활성도를 증가시킨다. 이처럼 구상성단은 육상원융을 이루며 역학적으로 안정된 상태를 유지해 가는 집단으로 이완시간은 수억 년 정도로 매우 길다.

2 6 ❖ 연기와 원

종교에서는 일반적으로 개인적인 소망에 따른 원을 중시한다. 그래서 종교는 주로 기원과 기복 신앙으로 쏠리게 되는데 이것은 불확실한 미래의 우연성을 믿고자 하는 욕망에 지나지 않는다. 이러한 기복 신앙은 종교인으로 하여금 자기중심적인 개인주의로 쏠리게 한다. 물론 불도를 반드시 이루고 이타적인 행을 통해 대승적 보시를 하고자 하는 서원을 세울 수 있다. 이런 경우의 원은 필요한 것으로 매우 중요한 것일 수 있다. 그러나 무위적인 연기의 세계에서는 불도의 성취나 이타적 행위가 저절로 이루어지는 것이지 반드시 원을 세워야만 이루어지는 것이 아니다.

이런 관점에서 연기적 세계에서 원을 세운다는 것은 주로 주관적인 집착에서 필연성을 전제함으로써 일반적인 연기법에 어긋난다. 예컨대 성불을 원으로 세운다면 자기중심적인 생각에서 타자와의 조화로운 연기관계를 이루기가 어렵게 될 수도 있다. 참된 불법의 이해를 위한 성불이나 이타적 행위는 개인적인 것이 아니라 집단 구성원 모두의 삶의 가치나 존재 가치가 올바르게 구현될 때 저절로 달성될 수 있는 것이다.

종교에서는 주로 행복 추구를 원한다. 행과 불행은 동전의 양면처럼 비동시적 동거성으로 근본적으로 행과 불행은 동일한 것이다. 그럼에도 불구하고 행복 추구에 원을 세운다면 이것은 이기적 행위로서 타자의 불행에 대해서는 무관심하다는 뜻이다. 연기적 세계에서는 어떠한 한 극단도 용인되지 않고 오직 중도를 요구할 뿐이다.

『화엄경』에서 이르기를 "나지 않으면 사라짐이 없고 사라짐이 없으면 다함(변함)이 없고, 다함이 없으면 때(시간)를 여의고, 때를 여의면 차별이 없고, 차별이 없으면 처소(자취)가 없고, 처소가 없으면 고요하고, 고요하면 탐욕을 여의고, 탐욕을 여의면 지을 것(버릴 것)이 없고, 지을 것이 없으면 소원이 없고, 소원이 없으면 머물 것(집착)이 없고, 머물 것이 없으면 가고 옴이 없나니 이것을 보살마하살의 셋째 생사 없는 지혜의 인(忍)[無生法忍]이라 하느니라."라고 했다. 결국 무위적 행에서는 소원을 바라는 원이 없이도 저절로 생사불이한 무생법인에 이르게 되는 것이다.

원을 세운다함은 어느 한 가지 목표를 갖기 때문에 사방을 넓게 살펴 볼 수 있는 지혜를 잃게 되어 그 결과 좁은 안목에서 아집이란 독단에 빠지기 쉽다. 독일의 헤르만 헤세는 『싯다르타』에서 "구한다는 것은 한 가지 목적을 갖는 것을 말하지만 당신도 도를 구하는 것은 그 목적을 이루려는 데서 눈앞에 있는 많은 사물을 보지 못하기 때문이요."라고 했다. 특별한 목적을 가진 유위적 행에서는 제법실상을 여실지견하게 알 수 있는 무위적 견해를 얻기는 불가능함을 알 수 있다.

27 ❖ 연기와 유식

불교에서 식(識)은 경계(외물)에 대해 인식하는 마음작용으로 본다. 그리고 유식(唯識)은 만유가 심식(心識-마음) 밖에 실존하는 것이 아니라 오직 마음에 의해 나타나는 것으로 보며, 일체 현상은 모두 식(마음)을 떠나지 않는다고 한다. 의식에는 삼분별이 내포된다. 즉 자성분별은 대상을 무분별하게 객관적으로 지각하는 것이며, 수념분별은 과거를 회상하며 주의하고 분별하는 것이고, 계탁분별은 과거, 현재, 미래에 걸쳐 일어나지 않은 일들을 미루어 상상하는 것이다.

인식은 외부 대상의 상분(相分-대상이 마음(머리)속에 투사된 것)과 마음 작용인 견분(見分-상분에 대한 인식작용)이 대립이 아닌 동등한 관계에서 일어나는 마음 작용으로 유형상 인식론에 해당한다. 상분은 마음에 투사된 외부 대상으로 객관적이다. 견분은 상분에 대한 마음의 인식 작용이므로 주관적이다. 따라서 일반적으로 외물에 대한 우리의 마음작용은 견분(주관)을 내포한다.

독일 물리학자 슈뢰딩거는 "나의 정신과 세계를 이루는 요소는 동일하다. 존재하는 세계가 주어지고, 또 지각되는 세계가 주어지는 것이 아니다. 주관과 객관은 단지 하나이다."[72]라고 했다. 이것은 객관이 없이 주관이 존재할 수 없고 주관이 없이 객관이 이해되어질 수 없다는 것으로 주관과 객관은 주객불이의 관계를 지닌다는 것이다.

스피노자는 모든 사람의 정신과 신체가 하나가 되어 마치 하나의 정신과 하나의 신체를 구성하여 모든 사람이 동시에 공통된 이익을 추구하는 것보다 더 가치 있는 어떤 것도 바랄 수 없다고 했으며 또한 사유와 사물의 관념이 정신 안에서 질서를 잡고, 연결되는 것처럼 신체의 변용이나 사물의 표상도 바로 그렇게 신체 안에서 질서를 잡고 연결된다고 했다.[73] 이것은 심(마음)은 외물과 무관한 것이 아니라 외물에 의해서 인

72 『생명이란 무엇인가』 : 에르빈 슈뢰딩거, 전대호 옮김, 궁리, 2007, 208쪽
73 『에티카』 : 스피노자, 강경계 옮김, 서광사, 2012, 334쪽

식과 관념이 생기므로 심신불이임을 보이는 것이다.

사실 사물과 그 현상은 언제나 우리들과 함께 연기적 관계로 존재한다. 따라서 자연 전체가 바로 우리의 삶이 이루어지고 있는 현장이며 또한 우리 의식과의 대화자이다. 그러므로 우리는 '세계-속에-존재' 하는 세계 구성원의 하나이다.

한편 쇼펜하우어는 『의지와 표상으로서의 세계』에서 "인식되는 모든 세계는 단지 주관에 대한 객관에 다름 아니며, 따라서 모든 세계는 표상이며 현상이다."[74]라고 했다. 여기서 주관이란 견분을, 객관이란 상분을 뜻한다. 인식이란 결국 외부 대상의 정보가 감각기관을 통해 뇌에 전달되는 상분에 대해 뇌에 존재하는 정보를 통해 입력 정보를 의식하고 해석하는 마음작용 즉 견분을 내게 된다. 이런 과정을 통해서 대상에 대한 인식이 이루어진다. 따라서 인식이란 상분에 대한 견분의 현현이다.

그런데 유식설에서는 세상의 모든 사물이나 현상은 객관적으로 존재하나 오직 마음으로 짓는 세상만이 진실이라고 본다. 이를 만법유식(萬法唯識)이라고 한다. 이를 흔히 일체유심조

---

74 『지혜를 주는 서양의 철학과 사상』: 가나모리 시게나리, 이재연 옮김, 다른
  생각, 2008, 187쪽

(모든 것은 오직 마음이 짓는 것이다)라고 한다. 이 경우에 자신의 마음을 유일한 근거로 삼는 것은 외물에 대한 상분을 중시하지 않으므로 심신불이와 주객불이의 사상에 모순된다. 실제로 일체유심조에서는 마음(의식)이 모든 것을 결정함으로 외물을 인식하고 분별하는 뇌와 분리됨으로써 이원론적 특성을 지닌다. 즉 정신적 마음과 물질적 뇌는 별개로 서로 무관하게 된다. 성유식론에서 유식무경설(唯識無境說)은 현상계는 의식(表象識)으로만 존재하며 외계에 실존하지 않는다는 설이다. 즉 오직 마음(내심)만 있고 마음 밖의 대상은 없다는 설이다. 그래서 모든 현상은 마음의 발현으로 본다. 이를 내유외무설(內有外無說)이라고도 하며 일체유심조와 같은 것이다.

원효대사에 대한 일화로 해골 물의 관계를 흔히 일체유심조의 실례로 보는데 이는 타당치 못하다. 원효대사는 어두운 밤중에 목이 말라 그릇에 담긴 물을 마셨다. 밤에는 어두웠기 때문에 물이 담긴 그릇을 바가지로 보게 되는 상분을 얻고 이에 따라 물을 마시겠다는 견분을 내게 되었다. 그런데 밝은 아침에 보니 밤에 물을 마신 그릇이 해골임을 알게 된 것이다.

결국 밤에는 어두워서 그릇에 대한 분명한 상분을 얻지 못해 바른 견분을 내지 못했을 뿐이지 결코 마음의 작용인 견분이 해골을 바가지로 생각토록 한 것은 아니다. 즉 견분이 상분을 만들어 낸 것은 아니라는 것이다. 상분이 분명치 않을 경우에는 견분에 의해 그릇된 상분이 생길 수는 있지만 그렇다고 해서 언제나 상분이 마음의 식에 따른 견분에 의해 결정된다는 생각은 그릇된 것이다.

흔히 일체유심조를 '일체는 마음이 짓는 것이다' 라고 하면서 외부 대상의 상분을 인정하지 않고 주관적 마음작용에 따른 견분만으로 인식하는 것은 바른 인식이 아니다. 따라서 외부 대상의 바른 상분에 대해서 마음작용인 견분을 바르게 내어 대상을 인식하는 주객의 연기적 관계가 올바른 일체유심조이다.

또 다른 예를 보면 밤에 새끼줄을 뱀으로 착각하는 경우이다. 연기적 인연 화합물의 구성체 [새끼줄]인 의타기성(다른 연에 의해서 일어나는 물·심의 모든 현상)에 대해 마음의 견분이 외부 대상의 상분보다 앞서면 잘못된 분별심 때문에 대상을 바르게 인식하지 못하고 [뱀으로] 착각하는 변계소집성(잘못 분별하는 것)을 일으키게 된다. 그 결과 [새끼줄은 짚의 여러 가닥으로 이루어진] 인연화합물의 본체인 원성실성(원만히 성취한 진실한 자성)을 모르게 된다. 이처럼 어두운 밤에 새끼줄을 뱀으로 착각하는 현상도 바른 상분을 얻지 못하기 때문에 바른 견분을 내지 못하게 되는 경우이다.

불법은 유심론적인 주관주의도 아니고, 인식된 사물이나 현상이 모두 진리라고 보는 객관주의에도 치우치지 않는다. 불법은 오직 만유 사이의 상의적 수수관계 즉 연기관계를 통한 수수작용을 근본 과정으로 보고 이를 관장하는 궁극적인 연기 법계의 섭리를 중시한다. 또한 이런 법계에서 유전 변천해 가는 현실 세계의 연기과정을 근본으로 한다.

유가행파에서는 마음 바깥의 사물은 없지만 안은 있기에 모든 사물은 오직 식이라고 한다. 즉 마음 밖에 존재하는 사물은 모두 사람의 미세한 심식인 아뢰야식이 전변해서 일어나는 환상이며, 아뢰야식만이 진실한 존재라는 것이다. 즉 마음 바깥의 사물은 없고 오직 마음만 있다는 사상이다. 유가행파는 일체개공을 주장하지 않는다. 즉 아뢰야식을 공으로 보지 않는다.[75] 그리고 유식무의(唯識無義)에서는 오직 아뢰야식만이 존재하는 것이며 인식의 대상은 진실로 존재하는 것이 아니

75 『불교사상사』: 양훼이난 지음, 원필성 옮김, 2010, 199쪽

라고 한다.[76]

　제8식에 해당하는 아뢰야식은 정보 창고이다. 여기에는 선천적 정보와 후천적으로 훈습된 정보가 모두 내장되며, 바른 정보도 내장되고 그릇된 정보도 내장될 수 있다. 그러므로 아뢰야식만이 진실한 존재라는 것은 그릇된 생각이다. 아뢰야식 내의 정보는 외부 대상의 상분에 대하여 그에 상응하는 정보를 담은 견분을 내거나 또는 외부 대상과 무관하게 공상하는 경우에도 아뢰야식의 정보가 영상처럼 나타나게 된다. 따라서 훈습된 아뢰야식의 정보를 절대적인 것으로 믿는 것은 잘못된 생각이다.

76 『불교사상사』 : 양훼이난 지음, 원필성 옮김, 2010, 209쪽

2 8 ❖ 연기와 수행

수행이나 명상은 불교의 목적이 아니라 연기법을 바르게 따르기 위한 실천적 방편이며 수단이다. 이러한 수행에는 여러 가지가 있지만 중요한 것을 들면 팔정도, 육바라밀, 사섭법(보시, 애어, 이행, 동사), **사무량심**(자, 비, 희, 사), **십선법**(불살생, 불투도, 불사음, 불망어, 불악구, 불기어, 불양설, 불탐욕, 불진애, 불사견), 37조도품(4념처, 4정근, 4신족, 5근, 5력, 7각지, 8정도) 등이 있다. 그리고 바라밀과 십지를 비교하면 아래 표와 같다.

표 1 바라밀과 십지

바라밀	보시	지계	인욕	정진	선정
십지	환희지	이구지	발광지	염혜지	난승지
바라밀	반야	방편	서원	역(力)	지혜
십지	현전지	원행지	부동지	선혜지	법운지

　6바라밀은 보시, 지계, 인욕, 정진, 선정, 반야이다. 그리고 방편은 한량없는 지혜를 능히 내는 것이며, 서원은 상상품의 수승한 지혜를 구하는 것이고, 역은 이단(異端)의 언론과 마군들이 능히 깨뜨릴 수 없는 것(힘)이며, 반야는 모든 법이 나지도 않고 멸하지도 않는 법의 불생불멸을 아는 것이고, 지혜는 일체법을 실재와 같이 아는 것, 즉 일체법의 바른 이해와 실천이다.

　보살이 수행해야 하는 52단계 중 특히 제40위에서 제50위까지를 십지라 한다.[77]

　제1 환희지는 10가지 원을 성취하여 보시섭과 보시바라밀

---

77 『화엄의 세계』: 해주 스님, 민족사, 205, 95쪽

의 수행으로 기쁨에 넘치는 지위이다.

제2 이구지는 신·구·의로 십선업도를 행하고 애어섭과 지계바라밀로 모든 변화의 때를 여의는 지위이다. 여기서는 10가지 마음을 내야한다. 즉 정직한 마음, 부드러운 마음, 참을성 있는 마음, 조복한 마음, 고요한 마음, 선한 마음, 잡되지 않은 마음, 그리움 없는 마음, 넓은 마음, 큰마음 등이다.

제3 발광지는 삼법인(제행무상인, 제법무아인, 열반적정인)을 관하고 이행업과 인욕바라밀로 지혜의 광명이 나타나는 지위이다. 모든 유위법의 실상을 관찰한다. 즉 유위법은 무상하고, 괴롭고, 부정하고, 안온하지 못하고, 파괴하고, 오래 머물지 못하고, 찰나에 났다 없어지고, 과거에 생한 것도 아니고, 미래로 가는 것도 아니고, 현재에 있는 것도 아니다. 4선과 4무색선에 머물고 한량없는 신통을 얻는다.

제4 염해지는 37조도품을 닦고 동사섭과 정진바라밀로 지혜가 매우 치성하는 지위이다.

제5 난승지는 사성제의 이치와 세속의 이치 등을 아는 것이다. 보살은 중생을 위해 세상법을 다 알고 방편과 변재를 쓸 줄 알아야 하며 선정바라밀을 닦는다. 그래서 글, 글씨, 문장, 시, 산수, 그림, 나무, 꽃, 약초, 약, 병, 노래, 춤, 재담, 일월성신, 천문, 지진, 천둥 등을 알아야 한다.

제6 현전지는 세간과 출세간의 일체 지혜가 다 나타나는 지위이다. 십이연기를 관하고 반야바라밀을 닦는다.

제7 원행지에서는 일체 불법을 일으켜 지혜의 도에 들고 또한 방편 지혜를 닦아 행한다. 번뇌의 업을 떠나서 보리로 회향하지만 아직 번뇌를 모두 초월하지는 못했다. 십바라밀을 구족하고 방편바라밀을 닦는다.

제8 부동지에서는 모든 번뇌를 초월한 청정 지혜를 갖춘다. 무생법인을 얻는다. 즉 불생불멸, 무상무명(無相無名), 불괴불성(不壞不成), 무성품(無性品), 평등성, 무분별 등의 집착심을 여의고 적멸(열반, 생사를 초월한 경지)한 일체법(일체 만유가 동등함)에 들어간다. 서원 바라밀을 닦는다.

제9 선혜지는 사무애지(법무애, 의무애, 사무애, 요설무애)를 얻어 대법사가 되어 설법하는 지위이다. 역바라밀을 닦는다.

제10 법운지는 끝없는 공덕을 구비하며 이익이 되는 것을 행하여 대법우를 내리는 지위이다. 지혜바라밀을 닦는다.

제1 환희지에서 제7 원행지까지는 유위적인 수행이고, 제8 부동지에서 제10 법운지까지는 수행이 무위적으로 이루어진다. 비유컨대 제1지에서 제7지까지는 강에서 배를 이끄는 법을 익히는 것이고, 제8지부터는 제10지까지는 넓은 바다로 나아가서 스스로 풍랑과 파도를 헤치면서 목적지(성불)에 이르는 수행법으로 볼 수 있다.

쇠는 뜨거울 때 잘 다듬어진다. 마찬가지로 수행이나 깨달음도 적극적인 연기관계를 통해서 이루어져야 한다. 이런 관점에서 불교는 적극적인 종교이지 결코 소극적인 종교가 아니다. 따라서 수행이나 마음수련이 고요한 곳에서 독립적인 개체로서 이루어져야 한다는 생각은 올바르지 못하다. 수행에서도 자등명 법등명이 적용되어야 한다. 즉 타자를 통해서 자신의 수행을 비추어 보고 점검되어야 한다. 그렇지 않으면 어떤 방법으로 수행을 하든 개인적인 독단에 빠질 수 있다. 이런 관점에서 수행은 반드시 타자와의 연기적 관계를 통해서 이루어져야 한다.

2 9 ✤ 연기와 불교

우주 만유에 대한 보편타당한 진리의 연기법이 불법의 근본이며 불교는 불법을 바탕으로 한다. 즉 불교는 단순한 신앙 종교가 아니라 진리의 종교이다. 그리고 우주 만유의 진리를 근본으로 하는 불법은 우주철학이며 동시에 현실을 중시하는 과정철학이다. 그러므로 이러한 불법을 바탕으로 하는 불교는 인간학적 문제를 벗어나 우주적 과제로 확장되고 있다.

중국의 어우양징우는 "종교와 철학이란 어휘는 원래 서양의 개념이다. 중국에서 번역되어 불법에 억지로 덧씌웠다. 하지만 이 둘은 불법과 의미도 다른 데다 범위도 매우 좁다. 어떻게 광대한 불법을 포괄할 수 있겠는가? 종교와 철학이라는 어휘로는 감당할 수가없다. 불법은 단지 불법이고 불법은 그

냥 불법이라고 해야 한다."[78] 라고 했다. 따라서 인격신이나 절대자를 숭배하는 일반적인 종교나 인간학적 철학이라는 범주를 벗어나 우주적 연기법을 바르게 이해하고 이를 실천하고자 함이 불법 공부의 근본 목적이 되어야 할 것이다. 그리고 비록 방편적이라도 불법 속에는 반드시 연기적 이법이 내포되어야 한다.

주고받는 연기는 모든 개체가 경험하는 일반적인 삶(진화)의 과정이다. 그러므로 각자가 자신의 연기적 삶을 조화롭게 영위토록 해야 한다. 이런 관점에서 불교에서는 자신에 의지하고 법(연기법)에 의지할 것을 강조된다. 이것이 소위 자등명 법등명이다. 즉 자신의 등불로 타자를 비추어 봄으로써 자신을 알 수 있고, 법의 등불에 자신을 비추어 봄으로써 연기법을 바르게 체득하여 행하도록 한다. 여기서 자등명이 주관적이라면 법등명은 객관적이다. 이처럼 불교는 단순한 의타적 종교가 아니라 자신을 믿고 주체적으로 행하는 연기적 삶의 철학이다. 이러한 관점에서 인간이 불법을 만드는 것이 아니라 불법이 인간을 만들어 간다. 따라서 불법을 따르지 않음은 인간

---

78 『중국근대사상과 불교』: 김영진, 그린비, 2007, 49쪽

이기를 거부하는 것과 마찬가지다.

깨달음(성도)이란 우주 만유 사이에 일어나는 연기법의 바른 이해와 실천의 경지에 이름이다. 그리고 이런 경지에서 청정심의 발현 상태를 열반이라고 한다. 흔히 성문(석존의 음성을 듣는 불제자)과 연각(벽지불—홀로 깨달아 자유경지에 이른 성자) 2승들의 깨달음은 단순히 연기법의 이해로 보고, 대승적 깨달음은 수행을 통한 중생구제에 둔다.

『수능엄경』에서 "깨달음과 깨달을 대상이 모두 공하고(得法空), 공과 각기 원만하여 다시 공이라는 생각과 공한 경계가 다 소멸하여(俱空不生) 이와 같이 생멸이 이미 다 멸해서 적멸이 눈앞에 드러났습니다.(得無生忍)"라고 했다. 따라서 우주 만유의 연기법을 근본으로 하는 불법에서는 소승이나 대승 모두 연기법의 실현이 곧 불법을 따르는 삶이며 여기서는 깨달음이나 열반이라는 특정한 언구가 필요치 않다.

마조도일 선사는 "너희가 그때그때 필요에 따라 말은 하되 실질적으로나 이론적으로 막히는 것이 없으면 되는 거야. 깨달음이란 바로 이런 것이야."[79]라고 했다. 이를 위해서는 만유

---

79 『직지, 길을 가리키다』 : 이시우, 민족사, 2013, 128쪽

에 대한 연기법의 바른 이해와 실천이 있을 뿐이다.

불교는 어떤 특정한 대상(절대자나 초월자 등)을 정해 놓고 그것에 귀의하거나 신봉하는 종교가 아니다. 바로 자신이 귀의처이고, 자신이 불성을 지닌 존재자라는 것을 알고, 이런 존재자들이 모두 불법에 따라서 원융한 연기관계를 이루어가는 것이 불교의 궁극적 목표이다. 타종교에서는 신앙의 대상이 절대자나 초월적 대상을 정해두지만 불교에서는 그러한 대상이 바로 인간을 포함한 우주 만유 그 자체로서의 부처이다. 그리고 불교는 유위적으로 자신이 부처임을 믿는 것이 아니라 무위적으로 불성(부처)을 밖으로 드러내는 것이다.

이런 관점에서 불교는 만유의 연기적 관계성의 종교이며 절대자를 신봉하는 타종교는 개인중심적 종교이다. 불교는 인간의 무명 때문에 고집멸도 사성제에서 시작하지만 궁극에는 자유자재한 우주 만유(我)는 항상(常) 고통과 속박이 없는(樂) 청정한(淨) 상락아정(常樂我淨)의 사덕(四德)에 따라 무위적인 연기적 이완상태를 지향해 간다.

3 0 ❖ 연기와 우주

하늘을 멀리 하는 민족은 우주적 철학을 지닌 문화인이 되기가 어렵다. 이는 마치 우물 안 개구리처럼 지극히 제한된 좁은 시공간의 세계만을 상대로 한다. 따라서 넓은 우주적 세상에서 일어나는 다양한 연기적 실상과 이에 따른 보편적 진리를 외면함으로써 우주적 이법을 전연 모르는 무명의 상태에 놓이게 된다. 즉 보이는 세계와 보이지 않는 세계 모두를 아우르는 제법실상에 대한 여실지견을 바르게 통찰할 수 없게 된다. 결국 사고의 영역이 보이는 세계에서도 지극히 제한적인 국소적 경험 세계의 시공간에 국한된다.

오늘날은 지구 바깥의 우주를 탐구하는 첨단우주과학시대이며 또한 다양한 정보를 서로 나누며 살고 있는 정보화시대이다. 즉 우물 속에 갇혀 살고 있든 개구리가 우물 바깥 세상에 나온 셈이다. 그러므로 진리의 설법이 펼쳐지는 곳도 이제는 절간의 법당을 벗어나 화엄법계의 진리가 펼쳐지는 우주적 세계가 법당이 되어야하는 시대에 오늘날 우리가 살아가고 있다. 진리의 불법은 인간 이전부터 존재해 온 것이며, 인간은 이러한 진리에 적합하도록 진화해 왔다. 때문에 인간이 진리의 불법을 따름은 자연의 순리이다.

1950년 노벨 문학상을 수상한 영국 철학자 버트란트 러셀은 "낙관주의도 비관주의도 우주 철학으로서는 아주 소박한 인간중심주의에 지나지 않는다. 위대한 세계는 자연의 철학이 가르치는 한, 선도 아니요 악도 아닌 것이며, 또한 우리에게 화와 복을 내리는 일에 관심을 보이지도 않는다. 위에서 말한 바와 같은 [인간중심주의] 철학은 한결같이 자기를 과시하는 데서 생겨나는 것이요, 이것을 교정하는 최상의 방법은 천문학을 약간 공부하는 일이다."라고 했으며 또한 "우주적 견지에서 본다면 우리의 생명과 경험은 인과적으로는 거의 중요하지 않다는 것을 나는 깊이 믿어 왔다. 나의 상상력은 천문학의 세계에 지배되고 있으며, 나는 여러 은하에 비한다면 이지구라고 하는 행성 따위는 하찮은 것이라는 것을 강하게 의

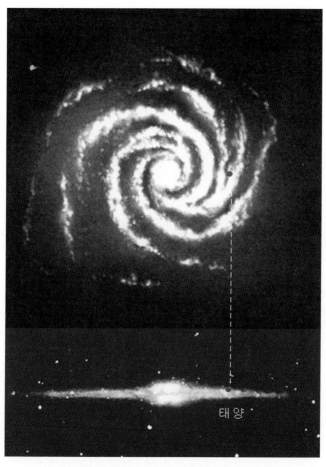

태양

[그림6] 위 사진은 위에서 본 모습, 아래 사진은 옆에서 본 모습

식하고 있다."라고 했다. 이처럼 천문학에 관한 기본적 이해는 인간의 사유가 인간중심사상을 벗어나 우주적 자연으로 나아가는 지름길임을 알 수 있다.

그러면 우리가 살고 있는 지구라는 천체는 우주에서 어떠한 연기적 관계를 이루고 있는가를 살펴보자.

지상의 인간은 지상의 만물과 연기적 관계를 이루며 살아간다. 그리고 지구라는 천체는 달과 긴밀한 연기관계를 이루며 지구의 자전을 잘 유지해 간다. 또한 지구 밖의 행성들과 긴밀한 연기관계를 이루며 태양 주위를 일정하게 돌면서 진화해 간다. 그리고 태양으로부터 끊임없이 빛을 받으면서 지상의 만물이 생주이멸을 이어간다. 이처럼 우리는 태양계 천체들 사이에서 중력적으로 긴밀한 연기적 관계를 맺고 있음을 알 수 있다.

그리고 태양계 전체는 초속 20킬로미터로 움직이며 주위의 여러 별들과 연기적 관계를 이루며 국부항성계라는 집단을 이루고 있다. 이 국부항성계는 초속 230킬로미터로 은하계[그림6] 중심 주위를 회전하면서 수천억 개의 별들과 연기적 관계를 이루고 있다. 우리 은하계는 다시 주위에 40여 개의 은하

[그림7] 은하단

들과 함께 연기적 관계를 이루면서 국부은하군을 이루고 있으며, 여기서 우리 은하계는 초속 40킬로미터의 속도로 움직이고 있다.

이 국부은하군은 다른 이웃 은하집단[그림7]들과 서로 모여 연기적 관계를 이루면서 더 큰 집단인 국부초은하단을 형성한다. 이 속에서 국부은하군은 초속 600킬로미터로 움직이고 있다. 국부초은하단은 다시 이웃의 다른 초은하단과 서로 긴밀한 연기적 관계로 모여 국부초초은하단을 이루고 있으며, 이 속에서 국부초은하단은 초속 700킬로미터의 속도로 움직이고 있다. 이처럼 우주에서 천체들은 점차 더 큰 연기적 집단을 형성해 간다. 이것은 집단이 클수록 역학적으로 더 안정하기 때문에 일어나는 평범한 자연의 이법이다. 이러한 우주인 드라망에서 자연 만유와 더불어 살아가는 우리 몸은 우주로까지 연결되어 있는 셈이다. 그러므로 우주를 벗어난 우리의 사유란 존재할 수 없다.

불교 경전에 나타나있는 우주는 어떠한 것인지를 보기 위해 먼저 『화엄경』에 나타나 있는 화장장엄세계를 살펴보면 다음과 같다.[80]

[그림8] 은하의 여러 형태

　무변묘화광향수해를 중심으로 10개의 향수해(世界種)가 존재한다. 각 향수해는 20층의 세계들로 둘러싸였다. 향수해는 현대 천문학과 비교하면 은하에 해당한다. 각 향수해는 10개

---

80 『화엄경-제2권』: 무비 스님, 민족사, 2004, 74쪽

의 향수해로 둘러싸였는데 이것은 11개의 은하로 이루어진 은하단에 해당한다. 각 향수해에는 수많은 세계(별)와 부처와 중생이 존재한다. 각각 세계를 연접하여 세계망(인드라망)을 이루어 화장장엄세계를 형성한다.

화장장엄세계는 11개의 은하단으로 구성된 초은하단으로 여기에는 121개의 은하들이 포함되며, 또한 무수히 많은 중생들이 존재하게 된다. 은하에 해당하는 향수해에는 회전형, 나선 형, 바퀴형, 둥근형, 구름형, 모난형 등등의 다양한 형태가 있다고 했다. 실제로 관측된 은하에서 이런 다양한 형태의 은하들을 볼 수 있다.[그림8] 일반적으로 법계연기에서 화장장엄세계처럼 개체의 계층적 집단형성은 연속적이고 역동적 연기관계를 이루어가는 자연 만물의 안정된 역학적 진화의 특성이다.

『화엄경』의 〈여래수량품〉에서 보이는 각 세계의 시간척도를 보면 아래와 같다.

석가모니 부처님이 계시는 사바세계의 한 겁이 아미타불이 계시는 극락세계에서는 낮 하룻밤 하루요, 아미타불이 계시는 극락세계의 한 겁은 금강견불이 계시는 가사당세계의 낮 하룻밤 하루요, 금강견불이 계시는 가사당세계의 한 겁은 선승광명연화개부불이 계시는 불퇴전음성륜세계의 낮 하룻밤 하루요, 선승광명연화개부불이 계시는 불퇴전음성륜세계의 한 겁은 법당불이 계시는 이구세계의 낮 하룻밤 하루요, 법당불이 계시는 이구세계의 한 겁은 사자불이 계시는 선등세계의 낮 하룻밤 하루요, 사자불이 계시는 선등세계의 한 겁은 광명장불이 계시는 묘광명세계의 낮 하룻밤 하루요, 광명장불이 계시는 묘광명세계의 한 겁은 법광명연화개부불이 계시는 난초과세계의 낮 하룻밤 하루요, 법광명연화개부불이 계시는 난초과세계의 한 겁은 일체신통광명불이 계시는 장엄혜세계의 낮 하룻밤 하루요, 일체신통광명불이 계시는 장엄혜세계의 한 겁은 월지불이 계시는 경광명세계의 낮 하룻밤 하루이다. 백만 아승지 세계를 지나가서 최후의 한 겁은 현승불이 계시는 승연화세계의 낮 하룻밤 하루이다.

겁이란 긴 시간을 뜻한다. 이처럼 사바세계에서 마지막 승연화계에 이를수록 하루라는 시간의 척도는 계속 늘어나고 있다. 이것은 연기적 세계의 규모가 커질수록 그 집단의 역학적 안정성을 나타내는 이완시간의 척도가 점차 길어짐을 뜻한다.

구형의 모양을 지닌 백만여 개의 별들로 이루어진 구상성단의 경우에 별이 성단의 중심을 가로질러가는데 걸리는 시간을 성단의 역학적 안정성에 해당하는 이완시간의 척도로 삼는다. 그렇다면 가장 작은 사바세계에서 마지막 가장 큰 승연화세계에 이르기까지 이완시간의 척도는 무한히 늘어나게 된다. 이완시간이 길수록 집단의 역학적 안정성은 증가한다. 따라서 이완시간이 가장 긴 승연화세계가 역학적으로 가장 안정된 세계임을 알 수 있다. 즉 화엄세계의 마지막 승연화세계라는 화엄세계는 가장 안정된 거대한 우주인드라망인 셈이다. 앞서 화장장엄세계에 수많은 별과 부처와 중생이 있다고 했으므로 우주적 보편성에 비추어 승연화세계에는 우리 인간들처럼 지적으로 진화된 중생들이 무수히 많이 존재할 것이다.

『화엄경』에서 제시하는 다양한 화엄세계를 주제하는 부처를 간략히 적어보면 다음과 같다.

사바세계[석가모니], 극락세계[아미타불], 가사당세계[금강견불], 불퇴전음성륜세[선승광명연화개부불], 이구세계[법당불], 선등세계[사자불], 묘광명세계[광명장불], 난초과세계[법광명연화개부불], 장엄혜세계[일체신통광명불], 경광명세계[월지불], 승련화세계[현승불] 등이다. 여기서 제시된 부처는 의인화된 것으로서 각 세계를 주재하는 자연의 이법에 해당한다.

위에서 제시된 각 화엄세계를 천문학적 세계와 비교해 보면 다음과 같다.

지구[사바세계], 태양계[극락세계], 국부항성계[가사당세계], 은하[불퇴전음성륜세], 은하단[이구세계], 초은하단[선등세계], 초초은하단[묘광명세계], 초초초은하단[난초과세계], 초초초초은하단[장엄혜세계], 초초초초초은하단[경광명세계], 초초초초초초은하단[아승지세계], 초초초초초초초은하단[승련화세계]이다. 이처럼 사바세계에서 마지막 승련화세계에 이르기까지 집단의 규모는 점차로 증가하는 계층적 구조를 지닌다.

위에서 살펴본 화장장엄세계에서 각 향수해(은하)는 10개의 향수해로 둘러싸여 은하단을 형성한다. 10개의 은하단으로 구성된 초은하단에는 100개의 은하들이 포함된다고 하자. 그러면 은하는 천억 개의 별들로 이루어지고, 10개의 은하가 모여 은하단을, 10개의 은하단이 모여 초은하단을, 10개의 초은하단이 모여 초초은하단을, 10개의 초초은하단이 모여 초초초은하단을 형성하는 식으로 은하집단이 형성해 간다면 마지막에 초초초초초초초은하단의 승련화세계에 이른다. 그러면 가장 큰 현승불이 계시는 승연화세계는 약 1000경[81] (10^{19} = 100억 x 10억) 개의 별들로 이루어진 거대한 우주이다.

우리와 같은 지적 생명체의 집단을 문명체라 한다. 드레이크의 방정식에 따라 우리 은하계 내의 문명체를 약 100억 개로 본다면, 승연화세계 내에는 문명체가 10양(10^{29} = 1조 x 1조 x 1천만) 개나 된다. 따라서 우주에는 우리와 같은 지적 생명체가 무수히 많음을 알 수 있다. 이들 중에는 우리보다 훨씬 진화된 문명체도 존재할 수 있다. 우리가 아직 외계 문명체들을 직접 보지는 못하지만 화엄세계에서 이들과 이접적 연기관계를 이루고 있다는 사실을 알아야 한다. 다시 말하면 우리 몸이 이들과 이접적으로 연결되어 있다는 것이다. 앞으로 구경 25미터의 광학 망원경이 가동되면 멀지 않아 외계 생명체를 발견하고 또 문명체를 발견할 날이 올 것으로 기대된다.

---

81 만(萬-10^4), 억(億-10^8), 조(兆-10^{12}), 경(京-10^{16}), 해(垓-10^{20}), 자(秭?-10^{24}), 양(穰-10^{28}), 구(溝-10^{32}), 간(澗-10^{36}), 정(正-10^{40}), 재(載-10^{44}), 극(極-10^{48}), 항하사(恒河沙-10^{52}), 아승기(阿僧祇-10^{56}), 나유타(那由他-10^{60}), 불가사의(不可思議-10^{64}), 무량대수(無量大數-10^{68})

176

실제로 우주가 끝이 없다면 승련화세계와 같은 우주는 무수히 많이 존재할 것이다. 오늘날 관측되는 가장 먼 은하는 약 130억 광년으로 초초은하단의 규모를 넘어서는 정도이므로 초초초초초초초은하단의 승련화우주의 존재를 확인하기에는 요원하다. 따라서 오늘날 인간이 관측으로 알고 있는 우주의 규모가 얼마나 작은 것인가를 짐작할 수 있다. 그러나 연기적 세계에서 보편성을 인정한다면 현재 관측되지 않는 승련화우주와 같은 우주들이 무수히 존재한다는 것을 부정할 수는 없다. 이러한 우주는 단일 공간의 우주가 아니라 여러 우주들로 이루어진 다중우주에 해당한다.

우주는 고정된 것이 아니라 수축 팽창하면서 성주괴공을 이어간다는 것이 석가모니 부처님의 견해이다.

예를 들면 『디가 니까야』에서 "세계가 수축하는 여러 겁, 세계가 팽창하는 여러 겁, 세계가 수축하고 팽창하는 여러 겁을 기억한다. (중략) 나는 과거를 아나니 세상은 수축하고 팽창했다. 나는 미래도 아나니 세상은 수축하고 팽창할 것이다."[82]라고 했다.

그리고 『앙굿따라 니까야』에서 "비구들이여, 겁이 수축할 때 몇 해라거나 몇 백 년이라거나 몇 천 년이라거나 몇 십만 년이라고 쉽게 헤아릴 수 없다. 비구들이여, 겁이 수축하여 머물 때 몇 해라거나 몇 백 년이라거나 몇 천 년이라거나 몇 십만 년이라고 쉽게 헤아릴 수 없다. 비구들이여, 겁이 팽창할 때 몇 해라거나 몇 백 년이라거나 몇 천 년이라거나 몇 십만 년이라고 쉽게 헤아릴 수 없다. 비구들이여, 겁이 팽창하여 머물 때 몇 해라거나 몇 백 년이라거나 몇 천 년이라거나 몇 십만 년이라고 쉽게 헤아릴 수 없다."[83]라고 했다.

이러한 석가모니 부처님의 진동 우주는 순전히 상상에 의한 것이 아니라 논리적 근거에서 나온 것이다. 즉 부처님이 대답하지 않은 10가지 무기(無記) 중에서 '세계는 시간적으로 무한한가? 유한한가? 세계는 공간적으로 무한한가? 유한가?'에 대한 해답으로 볼 수 있다. 다시 말하면 우주가 시간과 공적으로 무한히 팽창한다는 것은 한 극단이며 또한 무한히 수축한다는 것도 한 극단이다. 이러한 양 극단을 여의는 것이 바로 중도이다. 그렇다면 중도관에 따라서 우주는 팽창하고 수축한다는 진동 우주론이 가장 합리적이다. 이 얼마나 논리적인

82 『디가 니까야』 : 각묵 스님, 초기불교연구원, 2006, D25, 105쪽, D28, 204쪽
83 『앙굿따라 니까야』 : 대림 스님, 초기불전연구원, 2006, 338쪽

사고의 산물인가!

현재 우리가 속해있는 우주는 팽창하고 있다. 만약 무에서 물질의 창생이 일어나지 않는 다면 우주의 팽창은 영원히 계속 되지 못하고 언젠가는 팽창이 끝나고 자체의 중력에 의해 수축이 일어날 것이다. 중력수축이 어느 단계에 이르면 우주의 중심부로 많은 물질이 모여들면서 급격한 중력수축으로 모든 우주 물질이 한 곳으로 모여드는 대붕괴가 발생할 것이다. 그러면 대폭발이 발생하면서 우주는 다시 팽창하게 된다. 이것이 팽창과 수축이 반복해서 일어나는 진동우주의 시나리오이다.

2500여 년 전 서양에서는 천체가 천구에 붙박여 있으며 영원히 빛을 낸다고 보든 시대에 석가모니 부처님은 별들의 생주이멸을 이해하고 또한 우주가 무시이래로 진동하고 수축한다는 연속적인 성주괴공의 진동 우주론을 제시했다. 그리고 천체들의 계층적 집단형성과 이에 따른 역학적 안정성에 대한 시간척도의 증가를 언급했다는 것은 가히 상상을 초월할 정도로 놀라운 혜안으로써 오늘날 천체관측의 결과와 정성적으로 크게 다를 바 없다. 이러한 연기적 우주론을 지닌 것이 바로 과학적이고 논리적인 불법이고 불교이다.

맺는 말

　오늘날 불교계에서는 주로 고집멸도 사성제와 12연기를 다루면서 수행을 통해서 인간의 고뇌를 극복하고 천상에 태어나거나 환생하여 다시 좋은 생을 받기를 소망한다. 이것이 기원과 기복 신앙의 주요 목적이다. 비록 석가모니 부처님이 출가 시에는 주로 사성제에 그 뜻이 있었다 하더라도 50여 년의 수행에서 얻은 결과는 인간의 삶에 국한된 생주이멸을 벗어나 깊은 통찰력과 혜안으로 우주 만유에 대한 생주이멸과 성주괴공에 대한 깊은 연기적 이법을 터득한 것이다.

　주고받는 연기적 이법은 단순히 상대적인 것이 아니라 본질적으로 서로 얽매여 있는 연기적 관계이다. 무위적 연기관계에서는 삼륜청정과 삼륜체공을 근본으로 한다. 자연 만물은 이런 무위적 연기관계를 따르나 인간계는 자유의지를 앞세워 유위적 연기관계를 따르면서 타자에게 피해를 입히는 복잡한 삶을 영위해 간다. 이를 없애고자 부처님이 수많은 법문을 한 것이다. 특히 우주 만유의 생의를 지닌 중생들의 생멸에는 서로 주고받는 상호 의존적 연기관계를 따른다는 연기법을 발견하시고, 이것을 만유의 생주이멸과 성주괴공에 적용하면서 우주적 생멸의 변화를 『화엄경』에서 설한 것이다.

무시이래로 존재해 오는 연기법의 발견과 정립은 석가모니 부처님의 위대한 업적이다. 당시 서구에서는 하늘의 천체들이 천구에 붙박여 있으며 영원히 빛을 내는 것으로 생각해 왔다. 이런 관점에서 석가모니 부처님의 논리적이고 과학적인 연기법의 정립은 오늘날의 자연에 대한 과학적 이해와 정성적으로 크게 다를 바 없다. 그럼에도 불구하고 불교계에서는 이러한 논리적이고 과학적인 우주적 연기법에 대해 깊은 이해가 부족하다는 것이 안타까울 뿐이다.

연기는 존재의 원리이며 삶의 원리이다. 이러한 원리에 따라서 자연계의 만유는 질서체계인 육상원융을 이루면서 진화해 간다. 서양에서는 20세기부터 주체, 존재, 진리가 주요한 철학적 주제로 등장하면서 연기가 간접적으로 다루어지고 있다. 특히 스피노자, 하이데거, 메를로-퐁티, 질 들뢰즈, 데리다, 바디우 등이 주체의 탈대상화와 진리의 탈대상화 그리고 일자를 벗어나 다수의 복수를 상대로 하는 집단의 연기가 간접적으로 논의되어 왔다. 이러한 서양철학에 비해 한국의 불교 사회에서는 불법의 근본 바탕인 연기법에 관해서 깊은 철학적 관심이 부족한 것이 사실이다. 이것은 결국 우리가 왜 또 어떻게 존재 하는가라는 물음 자체에 무관심 하다는 뜻으로 석가모니 부처님의 근본 불법에 깊은 관심이 부족한 것으로 비칠 수 있다. 불교에서 깨달음을 매우 중시하지만 심오한 연기적 불법이 단순히 주관적 깨달음만으로 이해될 수 있는 것이 아니다.

본서에서는 석가모니 부처님의 위대한 우주적 대발견인 연기법이 인간 세계 뿐만 아니라 우주 만유로 확장되어 현대 첨단과학 중에서 특히 우주과학에 중요한 발전의 계기가 될 수 있기를 희망한다. 현재 팽창하는 우주란 우리가 속해 있는 관측되는 우주일 뿐이지 우주인드라망에서 다른 우주에서는 수축이 일어나고 있을 지도 모른다. 석가모니 부처님이 제안한 진동 우주란 수많은 우주들이 궁극적으로는 수축과 팽창을 반복하고 있다는 뜻이다.

　『화엄경』에 따르면 우리가 속해 있는 승련화세계(우주)는 현재 팽창하고 있는 것으로 볼 수 있지만 다른 우주들도 모두 팽창하고 있다는 뜻은 아니다. 결국 『화엄경』에서는 승련화우주로 우주의 범위가 끝났지만, 『디가 니까야』와 『앙굿따라 니까야』에서 언급된 진동 우주설에 따르면 우주에는 끝이 없으므로 과연 승련화우주와 같은 우주가 무수히 많은지 또 수축하고 있는 우주가 존재하는지 그리고 실제로 각 우주는 수축하고 팽창하는 진동 운동을 하고 있는지의 여부를 규명하는 것이 오늘날 우주과학 연구의 중요한 과제로 제시된다.

이시우 | 李時雨

서울대학교 천문학과와 동 대학원 이론물리학 석사과정을 졸업하였으며,
미국 웨슬리안(Wesleyan) 대학교에서 천문학 석사과정을 재차 밟았다.
그뒤 호주국립대학교에서 관측천문학 박사과정을 졸업, 이학박사가
되었다.
경북대를 거쳐 서울대 천문학과 교수를 지냈으며, 한국과학기술원 한림원
정회원으로 있고 서울대 명예교수다.
주요저서로는 『천문관측 및 분석』·『은하계의 형성과 진화』·『태양계
천문학』·『별과 인간의 일생』·『별을 보면 법을 보고 법을 알면 별을 안
다』·『우주의 신비』·『천문학자와 붓다의 대화』·『붓다의 세계와 불교
우주관』·『직지, 길을 가리키다』 등이 있다.

명상의 바다에서 건져 올린 삶의 지혜 10
연기와 우주인드라망

글 · 이시우 / 펴낸이 · 김인현 / 펴낸곳 · 도서출판 종이거울
2015년 1월 5일 인쇄 / 2015년 1월 12일 발행
등록 · 2002년 9월 23일(제 19-61호)
주소 · 경기도 안성시 죽산면 거곡길27-52(용설리 1178-1)
전화 · 031-676-8700 / 팩시밀리 · 031-676-8704 / E-mail · dopiansa@hanmail.net